Study Guide for
Lohnes, Strothmann, and Petig

GERMAN
A Structural Approach
FOURTH EDITION

Walter F. W. Lohnes and William E. Petig
STANFORD UNIVERSITY

W·W·NORTON & COMPANY
NEW YORK   LONDON

The text of this book is composed in Trump, with display type set in Gill
Sans. Composition by JGH Composition.

"Ein Tisch ist ein Tisch" by Peter Bichsel from *Kindergeschichten*. Copyright © 1969 by Hermann
Luchterhand Verlag, Darmstadt und Neuwied.

"San Salvador" by Peter Bichsel from *Eigentlich möchte Frau Blum den Milchmann kennenlernen*.
Copyright © 1966 Walter-Verlag, Freiburg.

"Fragen eines lesenden Arbeiters" by Bertolt Brecht from *Gesammelte Werke, Vol. IV.: Gedichte*.
Copyright © 1967 by Suhrkamp Verlag, Frankfurt am Main.

Cover art: Lyonel Feininger, Teltow II (1918). Courtesy of Staatliche Museen
zu Berlin Nationalgalerie, DDR.

ISBN 0-393-95467-6

W.W. Norton & Company, Inc., 500 Fifth Avenue, New York, N. Y. 10110
W.W. Norton & Company Ltd., 37 Great Russell Street, London WC1B 3NU

1 2 3 4 5 6 7 8 9 0

Contents

Preface

The *Study Guide* has been designed to reinforce the material covered in *German: A Structural Approach*, Fourth Edition. We suggest that students work through a unit in the *Study Guide* as they near completion of the corresponding unit in the text.

In the *Study Guide*, we have summarized the most important portions of the Analysis sections in each unit of the text. These summaries appear under the heading **Grammar in a Nutshell** and are frequently presented in the form of diagrams, so that students can perceive at a glance what the unit covers. These grammar-in-a-nutshell sections also serve as quick reviews. Students who feel they do not have complete control of the material can go back to the Analysis section in the text itself. Cross-references to topics and page numbers in the text are provided in the margin.

As a further means of checking progress, students should then work through the **Programmed Exercises** which follow each grammar-in-a-nutshell section. These programmed exercises again review the material of the Analysis sections and enable students to check their knowledge immediately. Each item in these sections contains a blank, indicating a response to be supplied. Correct answers are given in the margin and can be covered by the masking card (attached to the cover of the manual), while the student responds to the questions. Also, there are **Additional Exercises** for each unit at the back which can be removed from the *Study Guide* to be collected by the instructor.

New to the Fourth Edition of the *Study Guide* are a variety of additional readings. Some are continuations of selections in the text. Others are self-contained and can either replace or supplement unit readings. There are also nine poems ranging from Goethe to Brecht, which can be used in class or read for enjoyment.

Finally, the *Study Guide* contains the text of some **Laboratory Exercises** and instructions for all of them. Pattern sentences are given without translations so that students can concentrate on the German text reviewed on the tape.

Stanford, California
September 1988

W.F.W.L.
W.E.P.

Study Guide for
Lohnes, Strothmann, and Petig
GERMAN
A Structural Approach
FOURTH EDITION

UNIT 1

A word of advice: In language learning, each successive step depends completely on your mastery of what you have learned before. It is essential, therefore, that you get a thorough and complete grasp of the material in Unit 1; you should, in effect, memorize every word in this unit and be able to do all exercises automatically and without the slightest hesitation. If, in your first unit test, you make more than just one or two mistakes, you should take this as a signal to return to Unit 1 for a thorough review.

Unit 1 contains some of the most basic features of the German language. Be sure you understand the significance of all of them:

    a. VERBS: infinitives
                conjugation of present tense
    b. SENTENCE STRUCTURE: verb-second position
                                sentence intonation
    c. PERSONAL PRONOUNS: **du** and **ihr** vs. **Sie**
    d. NOUNS: gender and plurals

Grammar in a Nutshell

VERBS

See Analysis
2 (pp. 6–7)

1. INFINITIVES have the ending -**en**.
   Exception: **sei-n**

See Analysis
2 (pp. 6–7)

2. PRESENT TENSE: be sure you know the endings.

$$\text{Singular} \begin{cases} \text{-e} \\ \text{-(e)st} \\ \text{-t} \end{cases} \quad \text{Plural} \begin{cases} \text{-en} \\ \text{-(e)t} \\ \text{-en} \end{cases}$$

Remember: German has *no progressive forms*
                          no emphatic forms

Thus: I go
      I am going
      I will go   } all correspond to **ich gehe**.
      I do go

Present tense can also express future.

See Analysis
4 (p. 8)

sein has irregular forms. Memorize!
Note that **ihr seid** is the only 2nd person plural that ends in -**d**.

See Analysis
1 (pp. 5–6)
Remember that to express English *you*-forms you have to distinguish between three pronouns and corresponding verb forms:

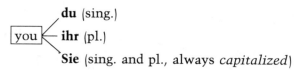

you ← **du** (sing.)
      ihr (pl.)
      Sie (sing. and pl., always *capitalized*)

Remember: 1. When **Sie** means *you*, it must be capitalized.

2. The distinction between **du/ihr** and **Sie** is very strictly adhered to, and you cannot use these forms arbitrarily.

3. Do not use **du** or **ihr** with **Herr** or **Frau**.

A practical suggestion: Use **du** and **ihr** with your fellow students and **Sie** with your teacher. This will help you get used to constantly switching between these forms.

SENTENCE STRUCTURE

See Analysis
5–8 (pp. 12–15)
Most difficult to get used to: *verb second position.* Drill all exercises dealing with this problem until you have complete control.

Note the difference between English and German.

English: The subject is position-fixed: it <u>must</u> precede the verb.

He | lives | in Munich now, incidentally.

Two other elements, such as time phrases and phrases like "incidentally," may join the subject in front of the verb.

Incidentally, | he | now | lives | in Munich.

German: The subject is <u>not</u> position-fixed: it can stand either in front of the verb or right after the verb. Only one element can precede the verb.

VERB-SECOND POSITION

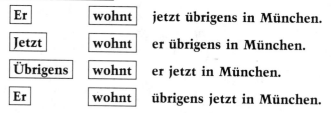

Er | wohnt | jetzt übrigens in München.

Jetzt | wohnt | er übrigens in München.

Übrigens | wohnt | er jetzt in München.

Er | wohnt | übrigens jetzt in München.

Remember: The answer to a question, that is, the item containing the news value of a statement, <u>cannot</u> stand in front of the verb.

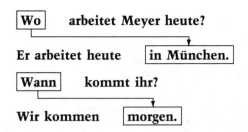

QUESTIONS start either with an interrogative (WORD QUESTIONS) or with a conjugated verb form (YES-OR-NO QUESTIONS).

German has no equivalent for English *Do you live?*
    English pattern: Do you live?
    German pattern: [Live you?]
                                        Wohnst du?

All German verbs follow the question-pattern of *to be* and the modals.
    English pattern: Are you?   (not: Do you be?)
                           Can you?   (not: Do you can?)
    German pattern: **Bist du?**
                           Kannst du?   (see Unit 4)

Word questions:

    Wo wohnt er jetzt?   Answer: **In München.**

Yes-or-no questions:

    Wohnt er jetzt in München?   Answer: **Ja**
                                                Nein

IMPERATIVES: infinitive + **Sie** (exception: **sein**)

    Gehen Sie!
    Seien Sie!

Use **Sie**-imperatives only with people you address with **Sie**.

SENTENCE INTONATION

See Analysis
10–11
(pp. 19–20)

1. Intonation of assertions 2-3-1 :
    and imperatives:
2. Intonation of questions:
    Word questions: 2-3-1 :
    Yes-or-no questions: 2-1-3 :

Listen carefully to the tapes for Unit 1; when you repeat sentences, imitate carefully the speakers' intonation. You should practice these sentences until you can say them as fluently and correctly, and at the same speed, as the taped model.

Programmed Exercises

Throughout this Study Guide, programmed exercises follow immediately upon each "Grammar in a Nutshell" section. The answers to all questions are provided in the margin; thus, you can check your comprehension of each grammatical point immediately and, if needed, go back to the "Nutshell" section or to the Analysis sections in the main text.

Cover the margin below and begin work on the first exercise. Slide the cover down to check your answer, but keep all subsequent answers covered until you have come up with your own answer to each.

1. The infinitive form of most German verbs ends

   in _____.   -en

2. The verb with the ending -n introduced in Unit 1

   is _____.   sein

3. German has neither _____ nor _____   progressive,
   forms.   emphatic

4. Therefore, *I go, I am going,* and *I do go* all have

   to be translated by _____.   ich gehe

5. Except at the beginning of a sentence, the word

   ich is never _____.   capitalized

6. ich arbeit -e

   du arbeit -_____   est

   er arbeit -_____   et

7. ich bin

   du _____   .   bist

   er _____   ist

8. Conjugate the present tense of **gehen, kommen,**
   and **lernen** by adding the correct endings.

ich	geh-	komm-	lern-	e
du	geh-	komm-	lern-	st
er	geh-	komm-	lern-	t
wir	geh-	komm-	lern-	en
ihr	geh-	komm-	lern-	t
sie	geh-	komm-	lern-	en

9. To help you memorize these endings, conjugate
   also the present tense of the following verbs, all

of which will be introduced in the next few units.

machen:	to do	antworten:	to answer
bleiben:	to remain	fragen:	to ask
trinken:	to drink	glauben:	to believe
wohnen:	to live	kaufen:	to buy
studieren:	to study	kennen:	to know
brauchen:	to need	verstehen:	to understand

10. The form **gehen** can go with three different pronouns. What are they?

wir, sie, Sie

11. The form **seid** is irregular because it _____.

ends in -d rather than -t

12. The inflected verb in a German assertion always occupies the _____ position, i.e., it can be

second

preceded by only one other _____.

syntactical unit

13. If a sentence starts with a unit like **Übrigens**, the next word must be an _____.

inflected verb

14. To express *Does he live in Munich?* you have to start with the word _____.

wohnt

15. The German present tense expresses not only present time but also _____ time.

future

Grammar in a Nutshell

ARTICLES AND NOUNS

See Analysis 13–14 (pp. 21–23)

	MASCULINE	FEMININE	NEUTER
Singular: 3 genders:	der	die	das

Plural: only one form: die

Remember: Gender and plural forms of nouns are unpredictable; therefore, you must memorize them as they occur.

der Mann,	⸚er	der Abend,	-e
die Frau,	-en	die Tür,	-en
das Kind,	-er	das Haus,	⸚er

Programmed Exercises

Test your knowledge of noun genders and plurals. First cover both columns and write out the nouns without articles; second uncover the inner column and check your responses. Finally, with the outer column still covered, write out the articles and plural forms of the nouns.

evening	Abend	der; die Abende
woman	Frau	die; die Frauen
car	Auto	das; die Autos
physician (male)	Arzt	der; die Ärzte
physician (female)	Ärztin	die; die Ärztinnen
spoon	Löffel	der; die Löffel
fork	Gabel	die; die Gabeln
knife	Messer	das; die Messer
doctor	Doktor	der; die Doktoren
office	Büro	das; die Büros
student (male)	Student	der; die Studenten
student (female)	Studentin	die; die Studentinnen
house	Haus	das; die Häuser
day	Tag	der; die Tage
table	Tisch	der; die Tische
chair	Stuhl	der; die Stühle
window	Fenster	das; die Fenster
door	Tür	die; die Türen
clock	Uhr	die; die Uhren
gentleman	Herr	der; die Herren
man	Mann	der; die Männer
child	Kind	das; die Kinder
morning	Morgen	der; die Morgen
summer	Sommer	der; die Sommer
movie house	Kino	das; die Kinos
question	Frage	die; die Fragen
book	Buch	das; die Bücher
land	Land	das; die Länder

UNIT 2

Grammar in a Nutshell

See Analysis
15–16
(pp. 37–40)   IRREGULAR VERB FORMS

1. 2nd and 3rd person singular: e → ie or i

a → ä

au → äu

2. Stems ending in *s*-sound: 2nd and 3rd person are identical.

ich lese, du liest, er liest
ich sitze, du sitzt, er sitzt

3. Other irregular forms:

ich habe, du hast, er hat
ich werde, du wirst, er wird
ich weiß, du weißt, er weiß

Programmed Exercises

You should be ready to fill in all the blanks without hesitation. If not, go back to Analysis 15–16 and to Patterns 1–3.

1. wir wissen, ich _weiß_, du _weißt_ — weiß, weißt
2. ich habe, du _hast_, er _hat_ — hast, hat
3. sie fahren, sie (sing.) _fährt_ — fährt
4. ich werde, er _wird_ — wird
5. ich nehme, du _nimmst_ — nimmst
6. ihr lauft, er _läuft_ — läuft
7. ihr braucht, er _braucht_ — braucht
8. wir fragen, du _fragst_ — fragst
9. ich esse, du _ißt_, er _ißt_ — ißt, ißt
10. wir lesen, er _liest_ — liest
11. ich heiße, du _heißt_, er _heißt_ — heißt, heißt
12. wir sitzen, du _sitzt_, er _sitzt_ — sitzt, sitzt
13. sie sehen, du _siehst_, sie (sing.) _sieht_ — siehst, sieht

Grammar in a Nutshell

See Analysis 18–23 (pp. 44–49, 54–55)

CASES AND GENDERS

Nominative: Subject or predicate noun (WER? — *who?*)
Accusative: Object (WEN? — *whom?*)

Be sure to memorize the forms on pp. 47–49.

der-words: **der, dieser, jeder, welcher**
ein-words: **ein, kein,** and possessive adjectives: **mein, dein, sein, ihr, unser, euer, ihr, Ihr**

Nominative and accusative forms are identical *except masculine singular*:

der–den
ein–einen
er–ihn

ein-words <u>without ending</u>: nom. masc. sing. ⎫
                         nom. neut. sing. ⎬ **ein**
                         acc. neut. sing. ⎭

Agreement:

<u>masc.</u> nom.: **DER Kaffee ist gut.—ER ist gut.**

       acc.: **Ich kaufe DEN Kaffee.—Ich kaufe IHN.**

<u>fem.</u> nom.: **DIE Zeitung ist hier.—SIE ist hier.**

       acc.: **Ich lese DIE Zeitung.—Ich lese SIE.**

<u>neut.</u> nom.: **DAS Buch ist interessant.—ES ist interessant.**

       acc.: **Ich lese DAS Buch.—Ich lese ES.**

<u>REFLEXIVE PRONOUNS:</u>

Identical with personal pronouns except all *third persons*: **sich.**

Programmed Exercises

1. a. The accusative of **ich** is _____.   mich
   b. The accusative of **er** is _____.   ihn
   c. The accusative of **ihr** is _____.   euch
   d. The accusative of **sie** is _____.   sie

2. Meine Mutter kennt diese Frau.
   a. **diese Frau** is in the _____ case.   accusative
   b. Function is indicated here by _____   position
      alone, because accusative and nominative
      feminine are identical in _____.   form

3. a. Because **Wagen** is a masculine noun, its article
      must be _____, and the pronoun used to   der
      refer to **Wagen** must be a form of _____.   er
   b. Der Wagen ist gut; ich kaufe _____.   ihn

4. a. The accusative of **ein Wagen** is _____. | einen Wagen

b. The accusative of **eine Uhr** is _____. | eine Uhr

c. The accusative of **ein Buch** is _____. | ein Buch

5. The plural of **ein Kind** is _____. | Kinder

6. The plural article for both nominative and accusative is _____. | die

7. a. The accusative of **der Student** is _____. | den Studenten

b. The accusative of **der Herr** is _____. | den Herrn

8. a. The words **mein, unser, ihr** are _____ adjectives. | possessive

b. The accusative masculine of **euer** is

_____. | euren

9. Ich bleibe _____ Tag in Berlin. | einen

10. The third-person reflexive is always _____. | sich

11. Ich sehe mich im Spiegel. **mich** = English

_____? | myself

12. a. Is that your son, Mrs. Meyer? **Ist das**

_____ **Sohn?** | Ihr

b. I know your son. **Ich kenne** _____ **Sohn.** | Ihren
c. Case of your son in a? Why? | nominative / predicate noun
d. Case of your son in b? Why? | accusative / direct object

13. She is a doctor. **Sie ist** _____. | Ärztin

14. Replace the underlined elements by pronouns:
a. Kennen Sie Herrn Meyer? | ihn
b. Ist Herr Meyer ihr Freund? | er
c. Kennen Sie Frau Meyer auch? | sie
d. Ist Frau Meyer auch ihre Freundin? | sie
e. Hans liest die Zeitung. | sie
f. Wie heißt der Junge denn? | er
g. Wo ist unser Buch? | es
h. Hier ist euer Wagen. | er
i. Das Kind heißt Fritz. | Es
j. Das Kind heißt Christine. | Es
k. Christine ist meine Freundin. | Sie
l. Das ist mein Auto. | es
m. Das ist mein Wagen. | er
n. Er kennt eine Studentin. | sie
o. Sie kennt einen Studenten. | ihn

UNIT 3

Grammar in a Nutshell

WORD ORDER

See Analysis
28 (pp. 71–74)
Most English and German verbs complete their meaning only when followed by a *complement.*

> Joe is   *tired.*
> **Hans ist müde.**

> Erica lives   *in Zurich.*
> **Erica wohnt in Zürich.**

> My sister is going   *out.*
> **Meine Schwester geht aus.**

See Analysis
27–29
(pp. 70–76)
Basic structure of German sentences:

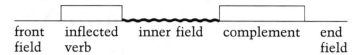

front   inflected   inner field   complement   end
field   verb   field

Remember: *All German assertions fit this pattern*, even if they do not contain all the elements above.

Comparison between English and German:

1. English: The complement follows the inflected verb directly; the "inner field" follows the complement.

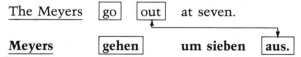

The Meyers go out at seven.

Meyers gehen um sieben aus.

German: The English order is reversed: *the German complement always <u>follows</u> the inner field.*

2. English: Both subject and verb are position-fixed; the subject always precedes the inflected verb.

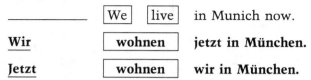

————— We live in Munich now.

Wir wohnen jetzt in München.

Jetzt wohnen wir in München.

German: Only the inflected verb is position-fixed; the subject may precede or follow the verb.

3. English: The space preceding the verb may contain, in addition to the subject, two more elements, one preceding the subject and one following the subject.

(Next year) |we| (probably) |go| to Germany.

Nächstes Jahr |**gehen**| **wir nach Deutschland.**

<u>German</u>: The front field must be occupied, *but only by one element.*

Basic operations:

The following diagrams show the *most important shifts in word order.*

<u>German</u>: Double shift. If an inner field element is shifted into the front field, the front field element must be moved behind the first prong.

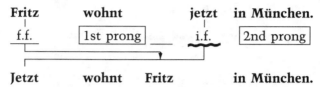

Jetzt   wohnt   Fritz   in München.

<u>English</u>: Single shift. An inner field element may be shifted into the empty front field (and vice versa).

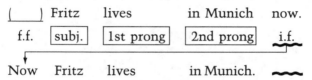

Now   Fritz   lives   in Munich.

<u>Front field</u>:

Usually states the *topic* of a sentence; therefore it has *no news value* (unless the subject has news value: **Meyer kommt**); therefore it is normally *not the answer to a question* (**Wann kommst du? — Ich komme morgen.**).

<u>End field</u>:

For the time being, do not attempt to produce end-field constructions; use only those introduced in the text.

<u>Questions</u>:

1. Word questions: Front field occupied by interrogative:

Wann |**fährt**| **Meyer** |**nach Berlin?**|

2. Yes-or-no questions: Front field empty, *verb-first* position:

_____ |**Fährt**| **Meyer** |**nach Berlin?**|

Types of complements:

1. Predicate nouns: (with **sein** or **werden**; always nominative)

Herr Meyer |ist| 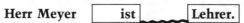 |**Lehrer.**|

2. Predicate adjectives: (with **sein** or **werden**)

| Sie | ist | intelligent. |

3. **Wo**-complements: (question: **wo**, *where?*)

| Sie | wohnt | in Berlin. |

4. **Wohin**-complements: (directives: **wohin**, *where to?*)

| Er | fährt | nach Berlin. |

5. Prefixed complements: (infinitive written as one word)

| Der Zug | fährt | ab. |

6. Infinitive complements:

| Sie | gehen | schwimmen. |

7. Object complements: (inner field element; see Analysis 29)

| Erika | trinkt | Wein. |

Programmed Exercises

1. Das Bier ist gut hier in München.
   a. Which word constitutes the second prong?   gut
   b. Which is the first position-fixed word?   ist
   c. Why is **gut** a verbal complement?   pred. adj.

   d. **hier in München** occupies the _____, but   end field
   it could also stand at the beginning; the first

   <u>four</u> words would then read _____, and   Hier in
                                                              München ist
   das Bier would follow immediately after

   _____.   ist

2. Is the underlined element a verbal complement?
   a. Inge kommt aber <u>morgen</u>.   no
   b. Inge kommt aber <u>nach Hause</u>.   yes
   c. Hans ist <u>in Deutschland</u>.   yes
   d. Hans fährt <u>nach Deutschland</u>.   yes
   e. Meine Mutter kennt ihn <u>auch</u>.   no
   f. Sie lernt jetzt auch <u>fahren</u>.   yes
   g. Sie kommt heute <u>doch</u>.   no

3. Elements like **nach Hause**, **nach Köln**, **ins Kino**

   are called _____.   directives

   They answer the question _____ and are   wohin?
   always second prong, that is, they cannot be

   moved into the _____.   front or inner
                                                              field

4. a. What is wrong with
   [Nächstes Jahr, wir fahren nach Deutschland.]? | Only one element can precede the first prong.

   b. What two possibilities are there to correct (a) above? | 1. Nächstes Jahr fahren wir . . .
   2. Wir fahren nächstes Jahr . . .

5. Review of irregular verb forms:
   a. ich fahre

      du _____ | fährst

      er _____ | fährt

   b. ich lese

      du _____ | liest

      er _____ | liest

      ihr _____ | lest

   c. ich werde

      du _____ | wirst

      er _____ | wir<u>d</u>

      ihr _____ | werdet

   d. wissen:　ich _____ | weiß

   　　　　　　du _____ | weißt

   　　　　　　er _____ | weiß

   　　　　　　ihr _____ | wißt

   e. Insert the correct form of **wissen** or **kennen**:

      a. _____ Hans Inge gut? | Kennt

      b. Das _____ ich nicht. | weiß

      c. Ich _____, er _____ sie gut. | weiß, kennt

      d. _____ Sie, wer ich bin? | Wissen

      e. Ja, ich _____, Sie sind Herr Meyer. | weiß

      f. Ich _____ Sie gut. | kenne

      g. _____ ihr München? | Kennt

6. In 5e.a. above, **Hans** is in the _____ case, | nominative

   case, and **Inge** is in the _____ case. | accusative

14

Grammar in a Nutshell

NEGATION

See Analysis
33–37
(pp. 83–87)

There is no negation in German parallel to the English negation with *do not (don't)*, *does not (doesn't)*.

I DO NOT work. **Ich arbeite NICHT.**

But note that the inner field separates **nicht** from the first prong, and **nicht** precedes the second prong.

I DO NOT work today. **Ich arbeite heute NICHT.**

German negation <u>does</u> correspond to English negation with *to be*.

He is NOT here today. **Er ist heute NICHT hier.**

IMPORTANT: **Nicht** always *precedes second-prong complements*, i.e., it stands at the end of the sentence only if there is no second prong.

Ich verstehe ihn	nicht.		(no second prong)
Das Wetter ist	nicht	gut.	(pred. adj.)
Hans ist doch	nicht	sein Sohn.	(pred. noun)
Er ist leider	nicht	hier.	(**wo**-complement)
Wir gehen heute	nicht	ins Kino.	(**wohin**-complement)
Wir kaufen heute	nicht	ein.	(prefixed complement)
Sie geht heute	nicht	schwimmen.	(infin. component)

Negation by **kein**:

1. **Kein** negates **ein** or "zero article."

   Er hat EINEN Sohn. → Er hat KEINEN Sohn.
   Er hat ⤬ Geld. → Er hat KEIN Geld.
   Er hat ⤬ Bücher. → Er hat KEINE Bücher.

2. **Kein** cannot be used to negate **mein**, **dein**, and so on.

   Das ist mein Sohn. → **Das ist NICHT mein Sohn.**

3. Note the two English equivalents of **kein**:

   Er hat kein Geld. { He has *no* money. / He does *not* have *any* money. }

Negation of objects

Important: Objects are inner field complements. Negated by **nicht** or **kein**.

   Sie hat das Buch nicht.
   Sie hat mein Buch nicht.
   Sie hat KEIN Buch.

(Exception: second-prong objects, see Analysis 37.)

See Analysis
38 (pp. 87–88) *NOCH, SCHON, MEHR*

When you practice Patterns [7], pp. 81–82, keep in mind the
logic of these contrasts:

$$\text{schon} \leftrightarrow \text{noch nicht (noch kein)}$$
$$\text{(immer) noch} \leftrightarrow \text{nicht mehr (kein . . . mehr)}$$

Ist er schon hier? — Nein, er ist noch nicht hier.
Is he here yet?   —No, he is not here yet.

Ist er (immer) noch hier? — Nein, er ist nicht mehr hier.
Is he still here?   —No, he isn't here anymore.

Programmed Exercises

1. Translate the underlined words:
   a. I have <u>no</u> friend. — keinen
   b. I don't have <u>any</u> friends. — keine
   c. You have a friend, <u>don't you</u>? — nicht wahr?
   d. You are Mr. Smith, <u>aren't you</u>? — nicht wahr?
   e. I am <u>not</u> Mr. Smith. — nicht
   f. I know <u>nothing</u>. — nichts
   g. I don't know <u>anything</u>. — nichts
   h. He is <u>not</u> here <u>yet</u>. — noch nicht
   i. Is he here <u>yet</u>? — schon
   j. He is <u>not</u> here <u>anymore</u>. — nicht mehr
   k. I do <u>not</u> have <u>any more</u> money. — kein Geld mehr
   l. They <u>don't</u> have <u>any</u> children <u>yet</u>. — noch keine

2. The question **nicht wahr?** (or **nicht?**) corresponds

   to such English phrases as _____. — aren't you? / don't you? / isn't he? etc.

3. *not a* must be translated by _____. — kein

4. The negative of **Geld** is _____. — kein Geld

5. Er arbeitet heute.

   To negate, **nicht** must follow the word _____. — heute

6. **Nicht** must always precede the _____. — second prong

7. a. The negative of **schon** is _____. — noch nicht *or* noch kein

   b. The negative of **noch** is _____. — nicht mehr *or* kein (*noun*) mehr

Grammar in a Nutshell

See Analysis
40 (pp. 88–89)

DOCH

3 uses:

1. Unstressed, sentence adverb, often together with **nicht wahr?**:

   Sie fahren doch nach München, (nicht wahr)?

2. To answer a negative question in affirmative:

   Fahren Sie <u>nicht</u> nach München? — Doch, (ich fahre nach München).

UNIT 4

Grammar in a Nutshell

See Analysis
41
(pp. 107–108)

MODALS

Be sure you have mastered the forms on pp. 107–108.

> **können — ich kann   — wir können**
> **müssen — ich muß   — wir müssen**
> **wollen — ich will   — wir wollen**
> **sollen — ich soll   — wir sollen**
> **dürfen — ich darf   — wir dürfen**
>
> **(mögen) — ich möchte — wir möchten**

Remember:
1. No ending in first and third person singular.
2. None of the inflected *singular* forms have an umlaut.
3. Only **sollen** has the same vowel in all forms.
4. The **möchte**-form endings: **-e, -est, -e, -en, -et, -en.**
5. **Müssen** is usually negated by **nicht brauchen zu.**
6. English *mustn't* is expressed by **nicht dürfen.**

Syntax of Modal Constructions:

Dependent infinitives always stand at the end of the sentence; only end-field elements may follow.

Note the difference in the sequence of elements in English and German:

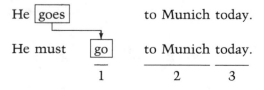

He | goes | to Munich today.

He must | go | to Munich today.

    1   2   3

Er **fährt**   heute nach München.

Er muß   heute nach München   **fahren.**

     3   2   1

INFINITIVE: ALWAYS SECOND PRONG.
If two second-prong elements, infinitive comes last.
German sequence is exact opposite of English sequence.

Er   **will**   heute   **nach München** | **fahren**

front   first   inner field   first box   second
field   prong   box
                       nicht   second prong

Nicht again stands between inner field and second prong.

Programmed Exercises

1. She seems to work.

   Sie scheint _____.   zu arbeiten

2. She is able to work.

   Sie kann _____.   arbeiten

3. She doesn't need to work.

   Sie braucht nicht _____.   zu arbeiten

4. She must work today.

   Sie muß heute _____.   arbeiten

5. After **scheinen** and **brauchen**, the dependent

   infinitive must be preceded by _____.   zu

6. The six German modals are _____.   können, müssen, wollen, sollen, dürfen, mögen

7. können: ich _____   kann

           er _____   kann

           ihr _____   könnt

8. dürfen: du _____   darfst

           sie _____ (sing.)   darf

           sie _____ (pl.)   dürfen

9. mögen: du _____   möchtest

           er _____   möchte

           ihr _____   möchtet

10. The English equivalent of **möchte** is _____.	would like (to)
11. What word is missing? Ich brauche heute nicht nach München fahren.	<u>zu</u> fahren
12. What is wrong with [Ich will heute zu Hause nicht bleiben.]?	nicht zu Hause bleiben
13. Explain the correction of 12.	**Nicht** must precede second prong.
14. What is wrong with [Er will heute gehen ins Kino.]?	ins Kino gehen
15. Er muß schon zurückfahren. Er braucht noch nicht _____.	zurück<u>zu</u>fahren

Grammar in a Nutshell

See Analysis 45 (pp. 113–115)

CONTRAST INTONATION

Characteristic intonation pattern:

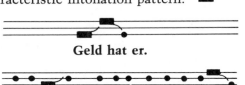

Geld hat er.

Heu-te a-bend ge-he ich mit Inge ins Kino.

In most cases, this pattern will cause you no trouble, as long as your intonation is correct.
MAIN PROBLEM: German can shift the second prong into the front field.

> **Ins <u>Kino</u> gehe <u>ich</u>.**
> [To the <u>movies</u> <u>I</u> go.]

Doing this in English produces a nonsentence.
Remember: Many of these sentences, especially longer ones, end with **nicht**.

> **Ins <u>Kino</u> gehe ich (heute abend natürlich) <u>nicht</u>.**

If the **kein**-noun is moved to front field, it becomes **(ein) . . . nicht**.

See Analysis 46 (p. 115)

ACCUSATIVE PREPOSITIONS

Be sure to memorize the prepositions that *always take the accusative*:

durch	through	**ohne**	without
für	for	**um**	around; at (with time)
gegen	against		

REVIEW EXERCISES, UNITS 1–4

The items in this exercise have been chosen at random, so you can check your overall comprehension of these units.

A. 1. **Aber, denn, oder, und** are _____ conjunctions.   coordinating

2. Sie wohnen doch in Köln, _____?   nicht wahr?

3. Hast du etwas gegen ihn?—Nein, ich habe _____ gegen ihn.   nichts

4. The only irregular imperative in German is _____.   Seien Sie!

5. The only German modal without a vowel change is _____.   sollen

6. The infinitive of **möchte** is _____.   mögen

7. The accusative of **er** is _____.   ihn

8. Ich bin morgen leider.
   This sentence makes no sense unless a _____ is added.   complement

9. A question starting with **wann, wo, wer,** and so on, is called a _____ question.   word

10. All German yes-or-no questions must start with the _____.   inflected verb

11. The plural of many foreign words ends in _____.   -s

12. Arbeiten Sie denn auch sonntags?
    The **denn** in this question adds an element of _____.   surprise

13. ich fahre: sie (sing.) _____   fährt

14. können: er _____   kann

15. ich arbeite: ihr _____   arbeitet

16. ich bin: ihr _____   sei<u>d</u>

17. ich werde: er _____   wir<u>d</u>

18. wissen: du _____   weißt

19. lesen: sie (sing.) _____   liest

20. to know = to be acquainted = _____   kennen

21. a. He is our son. Er ist _____.   unser Sohn

    b. We love our son. Wir lieben

       _____.   unseren Sohn

    c. In (a), *our son* is a _____   predicate noun

       in the _____ case.   nominative

    d. In (b), *our son* is a _____   direct object

       in the _____ case.   accusative

22. Es ist interessant.
    To which of the following can **es** refer?
    a. **der Wagen**   b. **das Kind**   c. **das Buch**
    d. **Autos**   e. **diese Zeitung**   only b and c

23. English *more than* must be expressed in

    German by _____.   mehr als

24. Regnet es noch?

    Nein, es regnet _____.   nicht mehr

25. Hast du noch Hunger?

    Nein, ich habe _____.   keinen Hunger
                                                         mehr

B. What is wrong? Each of the following sentences
    contains a common error. You will find the cor-
    rect version in the margin. Numbers in parenthe-
    ses refer to analysis sections.

    1. Morgen, ich fahre nach Deutschland.   Morgen fahre ich
                                                         (5, pp. 12–13)
    2. Kein Wasser ist das.   Wasser ist das
                                                         nicht. (45, pp.
                                                         113–115)
    3. Der Zug fährt ab jetzt.   jetzt ab
                                                         (29, pp. 74–76)
    4. Herr Meyer hat zwei Auto.   Autos
                                                         (14, pp. 22–23)
    5. Sie ist nicht ein Kind mehr.   kein Kind mehr
                                                         (38, pp. 87–88)
    6. Bitte sind Sie doch nicht unglücklich.   seien Sie
                                                         (8, p. 15)
    7. Er hat kein mehr Geld als ich.   nicht mehr Geld
                                                         (38, pp. 87–88)
    8. Unser Sohn wird ein Arzt.   wird Arzt
                                                         (25, pp. 55–56)
    9. Morgen fahre Ich nach Paris.   ich (1, pp. 5–6)

    10. Ich kenne nicht, wo er ist.   weiß nicht,
                                                         (16, pp. 39–40)

11. Wer ist da? — Mich.	Ich. (19, pp. 45–47)
12. Herr Schmidt hat ein Hund.	einen Hund (21, pp. 48–49)
13. Warum arbeitst du heute nicht?	arbeitest (3, pp. 7–8)
14. Wo fährt er denn? — Nach Köln.	Wohin (28, pp. 71–74)
15. Er möchte schon wieder nach Berlin zu fahren.	nach Berlin fahren (42, p. 112)
16. Bleibst du nicht hier? — Ja.	Doch. (40, pp. 88–89)
17. <u>Kommt</u> er doch?	Kommt er <u>doch</u>? (40, pp. 88–89)
18. Er muß zu Hause leider bleiben.	leider zu Hause bleiben (44, p. 113)
19. Hans kannt heute nicht kommen.	kann (41, pp. 107–108)
20. Ich arbeite, aber arbeitet er nicht.	aber er arbeitet (32, pp. 78–79)

UNIT 5

Grammar in a Nutshell

DATIVE CASE

Review forms of the nominative and accusative (Analysis 18–21, pp. 44–49).

See Analysis 48 (pp. 131–132)

<u>Interrogative:</u> **WEM?**

<u>**der**-words, **ein**-words:</u>

DEM (EINEM) Mann		**MÄNNERN**
DER (EINER) Frau	**DEN (KEINEN)**	**FRAUEN**
DEM (EINEM) Kind		**KINDERN**

<u>Personal pronouns:</u>

mir, dir, ihm, ihr, ihm
uns, euch, ihnen

<u>Reflexive pronoun:</u> **sich**

<u>Nouns:</u> DATIVE PLURAL ENDS IN **-N**.
(Except for nouns like **Auto: den Autos**)

See Analysis
49
(pp. 132–135) Verbs with dative:

Important: Remember these well; English is apt to interfere.

Es	**GEHÖRT**	**mir.**
Sie	**HELFEN**	**mir.**
Ich	**DANKE**	**dir.**

Verbs with dative and accusative:

Most of these are like their English equivalents. They have an indirect (dative) object and a direct (accusative) object.

Difficulty: Sequence often *unlike English.* (See Analysis 54, pp. 142–146)

Remember: **Ich frage   DICH.**
Du antwortest MIR.

See Analysis
52
(pp. 140–142) **PREPOSITIONS**

Always with *accusative:* **durch, für, gegen, ohne, um**
Always with *dative:* **aus, außer, bei, mit, nach, seit, von, zu**

Be sure to study (and memorize) the special uses of these prepositions.

Programmed Exercises

1. The interrogative pronoun for the dative case is

   _____.   wem

2. a. To whom do you give it?

   _____ gibst du es?   Wem

   b. I give it to him: _____.   es ihm

   it to her: _____.   es ihr

   it to them: _____.   es ihnen

   it to my friend: _____.   es meinem Freund

   it to a (fem.) student: _____.   es einer Studentin

   it to the men: _____.   es den Männern

3. The dative plural of most German nouns ends in

   _____.   -n

4. Five verbs with only a dative object introduced

   in this unit are _____.   danken, folgen,
                                                                  gefallen, gehören,
                                                                  helfen

5. Das ist unser Haus; es gehört _____.   uns

   Das ist ihre Zeitung; sie gehört _____.   ihr (fem. sing.)
                                                                  or: ihnen (pl.)

6. Complete with either **ihr** (dative object) or **sie** (accusative object):

   a. Ich sehe _____.   sie

   b. Ich antworte _____.   ihr

   c. Ich helfe _____.   ihr

   d. Ich kenne _____.   sie

   e. Ich danke _____.   ihr

   f. Ich sage es _____.   ihr

   g. Ich frage _____.   sie

   h. Es gehört _____.   ihr

   i. Ich glaube _____.   ihr

7. He always takes her home.

   Er _____ sie immer nach Hause.   bringt

8. The prepositions that are always used with the

   dative are _____.   aus, außer, bei,
                                                                         mit, nach, seit,
                                                                         von, zu

9. The prepositions that are always used with the

   accusative are _____.   durch, für, gegen,
                                                                         ohne, um

10. Supply the correct article. If you get the case
    right, but the gender wrong, review all nouns
    and their articles.

    a. Sie fährt mit _____ Auto.   dem

    b. Er wohnt bei _____ Tante.   der

    c. Sie kommt aus _____ Haus.   dem

    d. Er kommt ohne _____ Buch.   das

    e. Sie fährt durch _____ Stadt.   die

    f. Er arbeitet für _____ Professor.   den

    g. Sie kommt nach _____ Theater nach   dem
       Hause.

11. **von dem** is usually abbreviated to _____.   vom

12. She has been living here since 1980.

    Translate underlined words.   wohnt   seit

13. Wer ist das? _____ ist meine Mutter.   Das

Grammar in a Nutshell

INNER FIELD: WORD ORDER

See Analysis
54
(pp. 142–146)

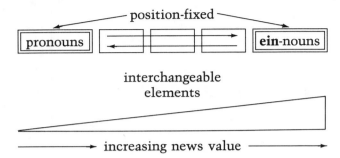

(For examples, study the summary on p. 146 of the text.)

Subject:

If *pronoun*, immediately after first prong.
If *noun*, normally after first prong, but may come later.

Personal Pronouns:

Position-fixed at beginning of inner field (no news value);
accusative pronouns *always* precede dative pronouns.

> Gestern hat ⌊ER⌋ ⌊ES⌋ ⌊IHM⌋ gesagt.
>
>   nom.   acc.   dat.

Pronouns and nouns:

Pronoun objects precede noun objects (*news value!*).

Ich habe IHM DAS BUCH   gegeben.
Ich habe ES   MEINEM VATER gegeben.

der-nouns:

Sequence according to *increasing news value.*

ein-nouns:

Always news value; therefore position-fixed at *end of inner field.*

Time phrases:

Position depends on news value, but normally precede place phrases.

Place phrases:

1. *Directives* (see Analysis 29, pp. 74–76) *always second prong.*
   Question: **WOHIN?**

2. Other place phrases: normally follow time phrases; often
   complements, e.g., with **wohnen**.
   Question: **WO?**

Programmed Exercises

1. If a pronoun subject does not stand in the front field, it will immediately follow the _____.

   first prong

2. Today, he is going to Berlin.
   The first three words of the German equivalent are _____.

   Heute geht er . . .

3. Heute gehört ihr das Haus.
   If you replace **das Haus** by a pronoun, the sentence must read **Heute gehört** _____.

   es ihr

4. The sequence of elements in the inner field is determined largely by _____. Therefore, pronouns are position-fixed at the _____ of the inner field.

   news value
   beginning

5. **Ein**-nouns always have news value, thus their position is always at _____.

   the end of the
   inner field

6. After the question
   Wem hast du das Buch gegeben?
   the correct statement is
   a. Ich habe dem Studenten das <u>Buch</u> gegeben.
   b. Ich habe das Buch dem <u>Studenten</u> gegeben.

   b.

7. What is wrong with
   [Ich will Blumen ihr schicken.]

   ihr Blumen

8. **Blumen** is the plural of _____.
   Therefore, it must occupy the same position as all _____-nouns.

   eine Blume

   ein

9. What is wrong with
   [Er fährt nach Berlin nächstes Jahr.]?

   nächstes Jahr
   nach Berlin

10. **nach Berlin** is second prong because it is a _____.

    directive

UNIT 6

Grammar in a Nutshell

See Analysis 55–60 (pp. 161–165, 171) THE PERFECT

Formation:

auxiliary   +   participle

HABEN or **SEIN** + { **GE——T**   weak verbs
                        or GE——EN   strong verbs

Examples:

ich **HABE** **GE**rauch**T**
ich **BIN** **GE**reis**T**
ich **HABE** **GE**trunk**EN**
ich **BIN** **GE**gang**EN**

Be sure to memorize the list of participles on pp. 184–185.

Do not forget that the following use **SEIN**:

bleiben: ist geblieben
fahren: ist gefahren
fliegen: ist geflogen
gehen: ist gegangen
kommen: ist gekommen
laufen: ist gelaufen
sein: ist gewesen
werden: ist geworden

Modals:

1. Without dependent infinitive: "normal" weak participles:

hat gemußt
hat gekonnt
    etc.

Note: The participles of modals have *no umlaut*.

2. With dependent infinitive: the so-called *double infinitive*:

hat ARBEITEN MÜSSEN
hat ARBEITEN KÖNNEN

Position of participle:

Always last part of second prong

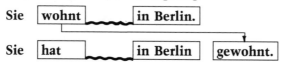

Modals:

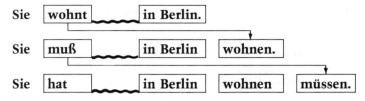

Contrast with English:

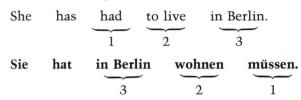

The sequence of <u>elements in the second prong</u> is a *mirror image* of the English sequence.

Remember: If the infinitive is written as one word (complement + infinitive), then the participle is also written as one word, and **zu** is inserted between complement and infinitive.

> **abfahren:** **ab**g̲efahren
> **ab**z̲ufahren

but:

> **nach Köln fahren:** **nach Köln gefahren**
> **nach Köln zu fahren**

<u>Use of perfect:</u>

The *German perfect* is the *conversational past*, i.e., it refers to what happened prior to the moment of speaking.

But note: Past tense of **haben, sein,** and the modals is preferred.

The *German present* is the *conversational present*, i.e., it refers to what is happening <u>at</u> the moment of speaking or later. (Further details will be given in Unit 7.)

Programmed Exercises

1. Verbs that form their participles with the frame

   <u>ge</u>——t are called _____ verbs. The vast majority of all German verbs follow this pattern. | weak

2. Strong verbs form their participles with the

   frame _____. | <u>ge</u>——<u>en</u>

3. Verbs with an unstressed prefix do not use the **ge-** in the participle. These unstressed prefixes

   are _____. | be-, emp-, ent-, er-, ge-, ver-, zer-

4. Another group of verbs that do not use the **ge-** prefix are those of foreign origin ending in

   _____.   -ieren

5. a. The participle of **hören** is _____.   gehört

   b. The participle of **gehören** is _____.   gehört

   c. The participle of **studieren** is _____.   studiert

   d. The participle of **heiraten** is _____.   geheiratet

6. Unlike English, German uses <u>two</u> auxiliary verbs

   to produce perfect forms, namely _____   haben

   and _____.   sein

7. a. The auxiliary for **sein** and **werden** is _____.   sein

   b. I <u>have</u> been = ich _____.   <u>bin</u> gewesen

   c. He <u>has</u> become = er _____.   <u>ist</u> geworden

8. Give the auxiliary and the participle of the following verbs:

   a. lesen: _____   hat gelesen

   b. kommen: _____   <u>ist</u> gekommen

   c. tun: _____   hat getan

   d. gehen: _____   <u>ist</u> gegangen

   e. bleiben: _____   <u>ist</u> geblieben

   f. trinken: _____   hat getrunken

   If you cannot produce these forms automatically, you should return to the list on pp. 184–185 of the text.

9. Some weak verbs have irregular participles, for example:

   a. denken: _____   hat gedacht

   b. bringen: _____   hat gebracht

   c. kennen: _____   hat gekannt

   d. wissen: _____   hat gewußt

10. The "normal" participles of the modals are:

    müssen: hat _____   gemußt

    wollen: hat _____   gewollt

    können: hat _____   gekonnt

    sollen: hat _____   gesollt

    dürfen: hat _____   gedurft

11. None of the modal participles have an _____.   umlaut

12. With a dependent infinitive, the modal perfect

    uses the so-called _____. | "double infinitive"

13. a. She had to work yesterday.

    Sie hat gestern _____. | arbeiten müssen
    b. She did not have to work yesterday.

    Sie hat gestern nicht _____. | zu arbeiten brauchen

14. The position of the participle is always in the

    _____. | second box of the second prong

15. The participle of **abfahren** is _____. | abgefahren

16. If **zu** is added to the infinitive **abfahren**, the form

    must be _____. | abzufahren

17. a. Which comes <u>last</u> in the double infinitive, the
    dependent infinitive or the modal? | the modal
    b. Thus: He has had to go.

    Er hat _____. | gehen müssen

18. Although the perfect is used in conversation, **haben,**

    sein, and modals are used in the _____. | past tense

Grammar in a Nutshell

See Analysis 61 (pp. 171–175)

TIME AND TENSE

Distinguish between the following three types:

    1. Point-in-time phrases: question: **WANN?**
    2. Frequency phrases: question: **WIE OFT?**
    3. Stretch-of-time phrases: question: **WIE LANGE?**

1. <u>Point-in-time:</u>

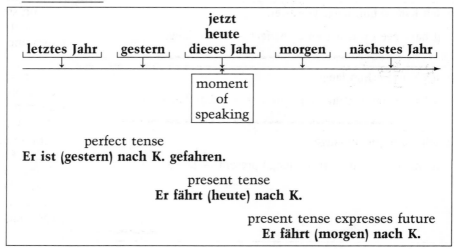

        perfect tense
Er ist (gestern) nach K. gefahren.

           present tense
    Er fährt (heute) nach K.

              present tense expresses future
        Er fährt (morgen) nach K.

a. point <u>prior</u> to moment of speaking: perfect tense

b. point = moment of speaking   ⎫
   point <u>after</u> moment of speaking ⎬ : present tense

2. Frequency phases:

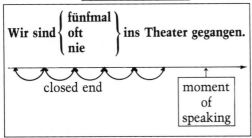

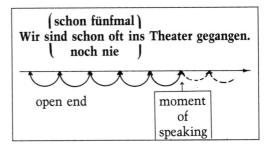

The actions described here are *repeated actions* (or the repeated absence of actions).

Er ist (schon) immer ein Dummkopf gewesen.
= Every time he (has) had a chance, he (has) behaved stupidly.

3. Stretch-of-time:

Note the combination of tense and time phrases to express

    a. What was but is no longer.
    b. What just ended at the moment of speaking.
    c. What has been going on and still is.
    d. What will end in the future.

Note: The wavy line (〜〜〜) in the chart below indicates time of action while going on.

	Moment of speaking		
a. **Ich habe lange gewartet.** (I waited long.) perfect + **lange**			action stopped before moment of speaking
b. **Ich habe schon lange gewartet.** (I have been waiting long.) perfect + **schon lange**			action stops at moment of speaking
c. **Ich warte schon lange.** (I have been waiting long.) present + **schon lange**			action still going on at moment of speaking
d. **Ich warte (noch) lange.** (I am going to be waiting long.) present + **lange**			action will end in future (it may have started before moment of speaking)

Programmed Exercises

1. The three types of time phrases discussed in this unit are _____, _____, and _____ phrases.

    point-in-time, frequency, stretch-of-time

2. The phrase **vor einem Jahr** means _____.

    a year ago

3. Dieses Jahr sind wir <u>schon dreimal</u> in B. gewesen.
    a. Is the year over?

    no

    b. What is the reason for the answer to 3a?

    Schon dreimal is an open-end term.

    c. What would be the implication if **erst dreimal** were used?

    fewer times than expected

4. I lived in Stuttgart <u>for two years</u>.
    Ich habe (für zwei Jahre?) (seit zwei Jahren?) (zwei Jahre?) in Stuttgart gewohnt.

    zwei Jahre

5. For all-past situations, English uses the _____ tense.

    past

6. I have been living here for two years.
    a. *have been living* corresponds to German

    _____.

    wohne

    b. *for two years* corresponds to German

    _____, or _____, or _____.

    seit zwei Jahren, schon zwei Jahre, schon seit zwei Jahren

7. In 6, *for two years* is a _____ phrase; and

    stretch-of-time

    because I am living here at the moment of speaking, German uses the _____ tense.

    present

8. Es regnet schon seit Wochen.
    Is it still raining?

    yes

9. Er hat jahrelang in Hamburg gelebt.
    Is he still in Hamburg?

    no

10. Darauf haben Sie schon lange gewartet.
    Is the new product on the market now?

    Yes, it just came out.

UNIT 7

Grammar in a Nutshell

See Analysis
62–64
(pp. 188–192)
PAST TENSE

As you study the past tense, review the perfect tense (Analysis 55–59, pp. 161–165).

Memorize the principal parts of strong and irregular verbs on pp. 218–219. All these verbs are very common, and you will need to use them constantly from now on. Learning them will require patience, and unfortunately there is no easy short cut.

Weak verbs add a **-t-** between stem and ending:

> present: **ich liebe**
> past: **ich LIEBTE**
>   **er   LIEBTE** (no -t ending)

Modals: Like weak verbs, but *no umlaut.*

Strong verbs: Unpredictable changes in the stem; they all change stem vowel; *no ending* in first and third person singular.

> present: **ich gehe**
> past: **ich GING**
>   **du GINGST**
>   **er   GING**
>   **wir GINGEN**
>   **ihr GINGT**
>   **sie GINGEN**

haben: past: **ich HATTE**
sein: past: **ich WAR**

Important: **Sein, haben**, and the modals are usually used in the *past tense rather than the perfect.*

See Analysis
65 (p. 198)
PAST PERFECT

past tense of $\begin{vmatrix} \textbf{SEIN} \\ \textbf{HABEN} \end{vmatrix}$ plus *participle*

> **ich WAR GEGANGEN** — I had gone
> **ich HATTE GEWOHNT** — I had lived

TIME PHRASES

Review Analysis 61 (pp. 171–175). In narratives, time phrases are used exactly as in conversational situations. In 61, change present tense forms to past tense forms and perfect tense forms to past perfect tense forms.

Ich <u>wohne</u> **seit 1980 in B.** ↔ **Ich** <u>wohnte</u> **seit 1980 in B.**
Wir <u>haben</u> **lange** <u>gewartet</u>**.** ↔ **Wir** <u>hatten</u> **lange** <u>gewartet</u>**.**

Programmed Exercises

1. The form **liebte** indicates that **lieben** is a _____ verb.	weak
2. a. <u>Weak</u> verbs form their past by inserting the letter _____ between stem and ending.	-t-
b. The third person singular of weak verbs does not end in _____.	-t
3. Form the past:	
a. leben: sie (sing.) _____	lebte
b. wohnen: ihr _____	wohntet
c. arbeiten: du _____	arbeitetest
d. müssen: er _____	mußte
e. haben: wir _____	hatten
4. The forms **durfte, konnte, mußte** show that the modals do not add an _____ in the past.	umlaut
5. The past tense forms of *strong* verbs are unpredictable, but all of them change their _____ vowel.	stem
6. Form the past:	
a. gehen: sie (sing.) _____	ging
b. anrufen: er _____	rief an
c. geben: ich _____	gab
d. kommen: wir _____	kamen
e. verstehen: sie _____	verstand(en)
f. fliegen: sie (sing.) _____	flog
g. sehen: wir _____	sahen
h. bleiben: ich _____	blieb
i. sitzen: er _____	saß
j. lassen: ich _____	ließ
k. essen: sie (sing.) _____	aß
l. scheinen: er _____	schien
7. The first and third persons singular of strong verbs never have an _____ in the past tense.	ending

8. Form the past:

   a. bringen: sie (sing.) _____   brachte

   b. kennen: ich _____   kannte

   c. denken: sie (sing.) _____   dachte

   d. sein: ihr _____   wart

   e. werden: wir _____   wurden

   f. wissen: ich _____   wußte

9. a. The present and the perfect are used in

      _____ situations. Thus, the past TIME   conversational

   of **ich gehe** is _____.   ich bin gegangen

   b. In narrative situations, on the other hand,

   present TIME is expressed in the _____   past

   tense, and the form corresponding to **ich bin**

   gegangen is _____.   ich war gegangen

10. Forms like **ich war gegangen** and **ich hatte**

   gewohnt are in the _____ tense.   past perfect

11. What are the missing forms?

   a. to live   wohnen

     _____   hat gewohnt   wohnte

   b. _____   abholen   to pick up

     holte ab   hat abgeholt

   c. to begin   anfangen

     _____   hat angefangen   fing an

   d. to lie   _____   liegen

     lag   hat gelegen

   e. to recommend   empfehlen

     empfahl   _____ empfohlen   hat

   f. to bring   bringen

     brachte   _____   hat gebracht

   g. to ask   fragen

     _____   hat gefragt   fragte

   h. to give   geben

     _____   hat gegeben   gab

   i. to belong   gehören

     gehörte   hat _____   gehört

	j. to sit	sitzen		
		hat _____	saß; gesessen
	k. _____	sterben	to die
	starb	_____ gestorben	ist
	l. to read	lesen	
		hat gelesen	las
	m. _____	bitten	to request
		hat gebeten	bat
	n. to become	werden	
	wurde	_____	ist geworden
	o. to let	lassen	
		hat gelassen	ließ

Word formation:

1. Form diminutives with **-chen**:
   a. die Tasse
   b. das Bild
   c. die Schwester
   d. der Garten
   e. die Blume

   das Täßchen
   das Bildchen
   das Schwesterchen
   das Gärtchen
   das Blümchen

2. Form agent nouns with **er**:
   a. finden
   b. verkaufen
   c. schlafen

   der Finder
   der Verkäufer
   der Schläfer

3. Form neuter nouns:
   a. essen
   b. schilaufen
   c. sein

   das Essen
   das Schilaufen
   das Sein

4. Form compound nouns:
   a. das Glas, das Bier
   b. der Abend, das Essen
   c. die Medizin, der Student

   das Bierglas
   das Abendessen
   der Medizinstudent

   d. Rom, die Reise
   e. die Mathematik, das Buch

   die Romreise
   das Mathematikbuch

   f. die Stadt, das Theater
   g. die Liebe, der Brief

   das Stadttheater
   der Liebesbrief

UNIT 8

Grammar in a Nutshell

VERB-LAST POSITION

See Analysis
5–7
(pp. 12–15)

Remember

Verb-second position: In (a) assertions,
                      (b) word questions,
                      (c) in unintroduced dependent clauses.

Heute | **fährt** | **er nach München.**

Wann | **fährt** | **er nach München?**

Ich weiß, er | **fährt** | **heute nach München.**

See Analysis
6,8
(pp. 13–15)

Verb-first position: In (a) yes-or-no questions,
                     (b) imperatives.

| **Fährt** | **er nach München?** |

| **Fahren** | **Sie nach München.** |

See Analysis
73
(pp. 223–226)

Verb-last position: In introduced dependent clauses.

Ich weiß, er | **fährt** | **nach München.**

Ich weiß, daß er nach München | **fährt** |

Dependent clauses are introduced by

See Analysis
74
(pp. 227–228)

<u>subordinating conjunctions</u> or <u>interrogative conjunctions</u>

als	wann
bis	warum
daß	was
seit	wer
weil	wem
wenn	wen
	wo

etc.   etc.

Interrogative conjunctions introduce indirect word questions.

Wann | **kommt** | **sie nach München?**

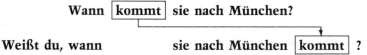

Weißt du, wann | **sie nach München** | **kommt** | **?**

Indirect yes-or-no questions are introduced by **ob.**

| **Ist** | **sie hier?** |

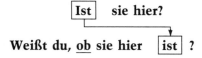

Weißt du, <u>ob</u> sie hier | **ist** | **?**

Do not confuse subordinating and the following coordinating conjunctions:

$$\left.\begin{array}{l}\textbf{und}\\\textbf{oder}\\\textbf{denn}\\\textbf{aber}\end{array}\right\rbrace \text{sie} \boxed{\textbf{fährt}}\ \textbf{nach München.}$$

Front field: Dependent clauses = first element, that is, verb-second position is maintained.

Ich	**weiß,**	**daß sie nach München fährt.**
1	2	3

Daß sie nach München fährt,	**weiß**	**ich.**
1	2	3

Programmed Exercises

1. a. "Introduced" dependent clauses always begin

   with _____ or with _____ conjunctions.   subordinating / interrogative

   b. In introduced dependent clauses, the inflected

   verb always stands at the _____; we   end

   therefore speak of _____ position.   verb-last

2. In German, the sequence of elements following

   the subject is the exact _____ of the   opposite
   sequence in English.

3. ..., because she | wanted | to go | to the movies | with him |

                        1   2   3   4

   a. The German equivalent should show the se-

   quence _____.   4-3-2-1

   b. The last word of the German sentence must

   be _____.   wollte

4. **Als, daß,** and **wenn** are _____ conjunctions.   subordinating

5. The four coordinating conjunctions introduced so

   far are _____.   aber, denn, oder, und

6. Insert **wollte** into the following incomplete
   sentences:
   a. denn   er   nach Berlin   fahren   after er
   b. weil   er   nach Berlin   fahren   after fahren

7. If the inflected verb in a clause introduced by
   wann stands at the end, the clause must be an

   _____ question.   indirect

8. Weißt du, _____ sie hier ist?   ob

9. Wenn ich dich sehe, _____ bin ich immer   dann (see p. 225)
   glücklich.

10. Weißt du, (wenn or wann?) sie nach Hause
    kommt?   wann

11. English *when* corresponds to German **wann** if it

    can be replaced by _____.   at what time

12. Heute kommt Meyer spät nach Hause.

    Weißt du, ob _____ spät nach   Meyer heute
    Hause kommt?

13. In dependent clauses, the subject usually follows

    immediately after the _____.   conjunction

14. If a dependent clause *precedes* a main clause, the
    first word of the main clause must be the

    _____, thus maintaining the   inflected verb

    principle that only one _____ may precede   element
    the first prong.

15. The dependent clause may be summed up at the
    beginning of the main clause with the words

    _____ or _____.   dann, so

16. What is *wrong* with
    a. Als der Zug ab fuhr, war es fünf Uhr.   abfuhr (one word)
    b. Weißt du, wann er ankommen ist?   angekommen
    c. Wenn sie kommt, ich gehe mit ihr ins Kino.   gehe ich
    d. Sie ist glücklich, weil ihr Freund ist hier.   hier ist
    e. Ich weiß nicht, wenn er kommt.   wann or ob
    f. Ich glaube nicht, er kommt.   daß er kommt

Grammar in a Nutshell

See Analysis 75–76 (pp. 232–235)   **IMPERATIVES**

Be sure you know the forms of the imperative (pp. 232–233).

There are *five different forms*:

familiar:	{ **du**-form
	{ **ihr**-form
formal:	**Sie**-form
inclusive:	**wir**-form
impersonal:	same as infinitive

Remember:
1. Only the **du**-form differs from the indicative:
   no **-st** ending!
2. Only the change from **e** to **ie** or **i** is retained in the **du**-form.
   (**gib!**)
3. The forms of **sein** all have the stem of the infinitive:
   sei, seid, seien wir, seien Sie!

Programmed Exercises

1. Er sagt, ich soll ihm das Buch geben.

   Bitte, _____ mir doch das Buch, Erika.   gib

   Bitte, _____ mir doch das   geben Sie
   Buch, Frau Meyer.

2. Er sagt, wir sollen nicht unglücklich sein.

   _____ doch nicht unglücklich.   Sei<u>d</u>

3. Sollen wir nach Hause fahren?

   Also gut, _____ nach Hause.   fahren wir

4. Man darf nicht rauchen.

   Bitte nicht _____.   rauchen

5. Sie sagt, ich soll vorsichtig sein.

   Bitte, _____ Sie vorsichtig, Herr Müller.   seien

6. Warum kannst du nicht mal Kaffee kochen?

   _____ doch mal Kaffee.   Koch

7. Warum fährst du nicht mit nach München?

   _____ doch mit nach München.   Fahr

8. Er sagt, ich soll ihn mitnehmen.

   Bitte, _____ mich doch mit.   nimm

9. Sie sagt, ich soll nicht so viel essen.

   _____ doch bitte nicht so viel.   Iß

Grammar in a Nutshell

See Analysis
78
(pp. 236–237) **THE FUTURE TENSE**

Forms: **werden** + infinitive

Future time in German is expressed by:
1. Present tense + future time phrase
   Sie fährt morgen nach Berlin.

2. Future tense

Sie wird nach Berlin fahren.

Future tense also used to express *present probability*:

Sie wird (wohl) schon zu Hause sein.

Programmed Exercises

1. The future tense is formed with _____ as an auxiliary plus an infinitive. Therefore, *he will* go corresponds to German _____.

werden
(see pp. 236–237)
er wird gehen

2. The German future is not used very often; usually the present is used, especially if it is accompanied by a _____. Therefore, *he will go tomorrow* can be expressed by _____.

time phrase
er geht morgen

3. Er wird wohl zu Hause sein.

He is _____ at home.
The example shows that the German future tense is also used to express present _____.

probably

probability

UNIT 9

Grammar in a Nutshell

**See Analysis 81–85
(pp. 257–264, 270–271)**

THE SUBJUNCTIVE

Note: This section deals with the *entire* subjunctive analysis; you are advised therefore to study it thoroughly only after you have covered Analysis 81–85.

It is VERY IMPORTANT that you master the German subjunctive patterns thoroughly. The fact that the *English* subjunctive has all but disappeared should not lead you to the false assumption that the *German* subjunctive is unimportant. The following English sentences are all very common. You use this kind of sentence constantly, and you must realize that the German equivalents *all require subjunctive forms*. German subjunctives, in other words, are so common that you simply cannot function in German without knowing them.

I wish you hadn't mentioned it.
If I had known that, I would have come.
If we only had more time.
I'd like to have a cup of coffee.
He told me I didn't have to come.
She said she felt much better.

Forms:

		indicative	subjunctive
present:	weak	**er wohnt**	**er wohnte**
	strong	**er geht**	**er ginge**
	modals	**er muß**	**er müßte**
	sein	**er ist**	**er wäre**
	haben	**er hat**	**er hätte**
past:	weak	**er wohnte**	*Only one set of forms*
	strong	**er ging**	
	modals	**er mußte**	**er hätte gewohnt**
	sein	**er war**	**er hätte gehabt**
	haben	**er hatte**	etc.
perfect:		**er hat gewohnt**	**er wäre gegangen**
		er ist gegangen	**er wäre gewesen**
past perfect:		**er hatte gewohnt**	etc.
		er war gegangen	**er hätte** (*inf.*) **müssen**
future:		**er wird wohnen**	**er würde wohnen**
		gehen	**gehen**
		müssen	**müssen**
		sein	**sein**
		haben	**haben**

Note: You can produce all subjunctive forms when you have mastered the present subjunctive. See the following table.

present subjunctive	**wohnte** **ginge** **wäre** **hätte** **würde**		
	hätte **wäre**	+ **gewohnt** + **gegangen**	past subjunctive = present subjunctive + participle
	würde	+ **gehen**	future subjunctive = present subjunctive + infinitive

All subjunctive forms have the <u>same set of endings</u>:

wohnt-	-e
ging-	-(e)st
wär-	-e
hätt-	-en
würd-	-(e)t
	-en

USES OF THE SUBJUNCTIVE:

1. Wishes: **Ich wollte (wünschte), . . .**

2. Polite requests: **Es wäre nett,** ⎱ **wenn . . .**
                      Wie wäre es, ⎰

   Hätten Sie vielleicht . . . ?
   Könnte ich bitte . . . ?

3. Contrary-to-fact conditions:

   a. Conditions: **Wenn ich _____ hätte, wäre ich**

      (würde ich) _____.
   b. **Wenn**-clauses alone: **Wenn ich (doch) nur . . .**
   c. Conclusions alone: **Ich wäre (würde) gerne (lieber;**
                         am liebsten) . . .

4. Indirect discourse (to be introduced in Unit 11):
   Er sagte, er ginge (wäre gegangen)
   er wohnte (hätte gewohnt)
   (würde wohnen)

Examples:

Memorize the following brief sentences. They will serve you
as referents for all major subjunctive patterns and will help
you produce sentences with the subjunctive.

1. Wishes

   | past subj: | **Ich wollte,** | sie hätte in Berlin gewohnt.
   | | | sie wäre nach Berlin gefahren.
   | **würde:** | | sie würde hierbleiben.
   | modals: | | sie könnte hierbleiben.
   | weak verbs: | | sie wohnte in Berlin.
   | strong verbs: | | sie führe nach Berlin.

2. Polite requests

   Es wäre nett, wenn du kommen könntest.
   Wie wäre es, wenn du mitgingst (mitgehen würdest).
   Ich hätte gerne (lieber; am liebsten) ein Glas Wein.
   Hätten Sie vielleicht noch ein Zimmer frei?
   Könnte ich noch ein Zimmer bekommen?

3. Contrary-to-fact conditions

   a. Conditions:
      past subj.: **Wenn er in B. gewohnt <u>hätte</u>, <u>hätte</u> ich ihn**
                  besucht.

                  Wenn er in B. gewesen <u>wäre</u>, <u>hätte</u> ich ihn
                  besucht.

                  Wenn er in B. gewohnt <u>hätte</u>, <u>wäre</u> ich zu
                  ihm gegangen.

                  Wenn er in B. gewesen <u>wäre</u>, <u>wäre</u> ich zu
                  ihm gegangen.

würde:	Wenn sie mich bitten <u>würde</u>, <u>würde</u> ich mit-gehen.
	Wenn sie mich bitten <u>würde</u>, <u>ginge</u> ich mit.
	Wenn sie nach B. <u>ginge</u>, <u>würde</u> ich auch gehen.
modals:	Wenn sie <u>könnte</u>, <u>käme</u> sie.

Caution: <u>Verb forms must be recognizable as subjunctive.</u>

Indicative:	Wenn es <u>regnete</u>, <u>gingen</u> wir nach Hause.
Subjunctive:	Wenn es jetzt <u>regnete</u>, <u>gingen</u> wir natürlich sofort nach Hause.

Remember: In the past time, **würde**-forms are not used, but only **hätte** or **wäre**. In the present time, there is usually one **würde**-form.

> Wenn es <u>regnete</u>, <u>würden</u> wir sofort gehen.
>
> Wenn es regnen <u>würde</u>, <u>gingen</u> wir sofort.

In all these sentences, **wenn**-clause and conclusion can be reversed.

> Wir würden sofort gehen, wenn es jetzt regnete.

"Double infinitive": In dependent clauses with the so-called double infinitive, <u>the inflected verb *precedes* the entire second prong</u>.

> Wenn er HÄTTE kommen können, . . .
>
> Wenn er HÄTTE nach B. fahren müssen, . . .

b. **Wenn**-clauses alone:

> Wenn sie nur schon hier wäre.
>
> Wenn sie doch nur gekommen wäre.

c. Conclusions alone:

past subj.:	Ich hätte auch gerne in B. gewohnt.
	Ich wäre auch gerne nach B. gefahren.
würde:	Ich würde auch gerne nach B. fahren.
modals:	Ich müßte mal nach B. fahren. (ought to)
weak verbs:	Ich wohnte auch gerne in B.
strong verbs:	Ich führe auch gerne nach B.

Programmed Exercises

1. Without a context, the English verb form *had* could be either _____ or _____.

past indicative, present subjunctive

2. The German translation of *he had* can be either

   er _____ (indic.) or **er** _____ (subj.). hatte, hätte

3. One set of German subjunctives which can never

   be used as indicatives is the _____ sub- past
   junctive.

4. You have mastered the German past subjunctive
   as soon as you realize that you need to know

   only two auxiliaries, namely _____ and hätte,

   _____. wäre

5. If we <u>had gone</u>, . . . Wenn wir _____, . . . gegangen wären

   <u>had lived</u> _____ gewohnt hätten

   <u>had worked</u> _____ gearbeitet hätten

   <u>had stayed</u> _____ geblieben wären

   <u>had called</u> _____ angerufen hätten

   <u>had come</u> _____ gekommen wären

6. English <u>modal</u> subjunctives starting with *could
   have* . . . , *would have* . . . , *should have* . . . are

   expressed in German starting with _____. hätte

7. a. He could have come. Er _____. <u>hätte</u> kommen
   können

   b. He would have had to go. Er _____. <u>hätte</u> gehen
   müssen

   c. He should have stayed. Er _____. <u>hätte</u> bleiben
   sollen

8. The German equivalent of *I wish* is either **ich**

   _____ or **ich** _____. wollte, wünschte

9. I wish they <u>had come</u>. Ich wollte, sie _____. wären gekommen

   I wish they <u>had called</u>. Ich wollte, sie _____. hätten angerufen

10. If an open condition like
    Wenn er gekommen ist, hat er Hans bestimmt
    besucht.
    is transformed into a contrary-to-fact condition,
    the verb forms must be

    Wenn er gekommen _____, _____ wäre, hätte
    er Hans bestimmt besucht.

11. a. I would have liked to stay here.

Ich _____ hier geblieben. | wäre gerne

b. I would have preferred to live in Munich.

Ich hätte _____ in München gewohnt. | lieber

c. I would have liked most to stay at home.

_____ wäre ich zu Hause geblieben. | Am liebsten

12. The future subjunctive is always recognizable as a

subjunctive because it must have a _____- | würde
form.

13. If only she would stay here.

Wenn sie doch nur hier _____. | bleiben würde

14. Those modals have an umlaut in the present
subjunctive that also have an umlaut in the

_____. | infinitive

15. The only two modals that never have an umlaut

are _____ and _____. | wollen, sollen

16. The form **wir führen** (of the verb **fahren**) can only

be subjunctive because _____. | it has an umlaut

17. In polite requests, English *Would you have . . .*

corresponds to German _____; and English | Hätten Sie
(vielleicht) . . . ,

I'd like to have . . . corresponds to _____. | Ich hätte gerne . . .

18. a. With a dependent infinitive, the participle of a

modal has the same form as the _____ | infinitive
of the modal. This construction is often re-

ferred to as a "_____." | double infinitive

b. She could have come. Sie _____ | hätte kommen

_____. | können

If she could have come , . . . Wenn sie

_____. | hätte kommen
können

c. The second sentence under 18b shows that in
dependent clauses with a double infinitive the

finite verb _____ the second prong. | precedes

19. The present subjunctive of **er brachte** is _____.   er brächte

20. Add the appropriate sentence adverb:

    Ich sollte jetzt _____ nach Hause gehen,   eigentlich
    aber ich bleibe doch noch hier.   (see pp. 271–272)

21. **Er kam, er ist gekommen,** and **er war gekommen**

    have only one subjunctive form: _____.   er wäre gekommen

22. Translate the <u>underlined</u> portions.

    a. I wish he <u>weren't coming</u>.   käme nicht

    b. She would have <u>liked most of all</u> to go to Italy.   am liebsten

    c. We <u>ought to go</u> home tomorrow.   sollten eigentlich

    d. I wish you <u>hadn't said that</u>.   hättest das nicht
                                                gesagt

    e. I <u>would have come</u>.   wäre gekommen

    f. I <u>would have had to come</u>.   hätte kommen
                                                müssen

    g. I<u>'d like to have</u> a cup of coffee.   hätte gerne

    h. I would <u>rather stay</u> home.   lieber

    i. You <u>should not have come</u>.   hättest nicht
                                                kommen sollen

    j. <u>It would be nice</u> if we could stay.   Es wäre nett

    k. If he <u>went</u>, I'd go too.   ginge

    l. If he <u>hadn't come</u>, I'd be sad.   nicht gekommen
                                                wäre

SUMMARY OF VERB FORMS

Numbers in parentheses refer to pages in the text. The alternate subjunctive in the right column will be introduced in Unit 11.

At this point you are well advised to go over all analysis sections in Units 1–9 dealing with verb forms and tenses and their use.

tense	indicative	subjunctive	alternate subjunctive
future	**er wird wohnen** **gehen** **sein** etc. (236)	**er würde wohnen** **gehen** **sein** etc. (259)	**er werde wohnen** **gehen** **sein** etc. (325)
present	**er wohnt** (6) **er geht** (6) **er hat** (37) **er ist** (8) **er muß** (107)	**er wohnte** (260) **er ginge** (260) **er hätte** (261) **er wäre** (261) **er müßte** (261)	**er wohne** **er gehe** **er habe** (325) **er sei** **er müsse**
past	**er wohnte** (189) **er ging** (191) **er hatte** (171) **er war** (171) **er mußte** (171)		
perfect	**er hat gewohnt** (162) **er ist gegangen** (163) **er hat gehabt** (162) **er ist gewesen** (163) **er** { **hat gemußt** (163) { **hat __müssen** (164)	**er hätte gewohnt** **er wäre gegangen** **er hätte gehabt** **er wäre gewesen** **er** { **hätte gemußt** { **hätte __müssen** (270)	**er habe gewohnt** **er sei gegangen** **er habe gehabt** **er sei gewesen** **er** { **habe gemußt** { **habe __müssen** (325)
past perfect	**er hatte gewohnt** **er war gegangen** **er hatte gehabt** **er war gewesen** (198) **er** { **hatte gemußt** { **hatte __müssen**		
future perfect	**er wird gewohnt haben** **gegangen sein** **gewesen sein** etc. (391)	**er würde gewohnt haben** **gegangen sein** **gewesen sein** etc. (391)	**er werde gewohnt haben** **gegangen sein** **gewesen sein** etc. (391)

REVIEW EXERCISES, UNITS 1–9

Numbers in parentheses refer to pages in the text.

A. 1. Sieben und neun ist _____.   sechzehn (p. 200)

2. The past tense of **ihr habt** is **ihr** _____.   hattet (p. 171)

3. The perfect of **ich kann arbeiten** is **ich habe**

_____.   arbeiten können (p. 164)

4. This construction is called a "_____

_____."   double infinitive (p. 164)

5. We <u>have been living</u> in B. for two years.

   have been living = _____.   wohnen (p. 142)

6. What is the auxiliary?

   a. sie _____ geblieben   ist (p. 184)

   b. sie _____ studiert   hat

   c. sie _____ geworden   ist

   d. sie _____ gewesen   ist

   e. sie _____ bleiben wollen   hat

7. Er wohnt in Berlin _____ seiner Tante.   bei (p. 141)

8. The prepositions governing the accusative are

   _____.   durch, für, gegen, ohne, um (p. 115)

9. Das ist mein Wagen. _____ gehört   Der

   _____.   mir (p. 136)

10. He isn't home yet. Er ist _____ zu Hause.   noch nicht (p. 87)

11.   Wein haben wir nicht.

   = Wir haben _____ Wein.   keinen (p. 86)

12.   Er kommt morgen zu uns.

   = Er _____ morgen zu uns _____.   wird, kommen (p. 236)

13. What are the articles and plurals?

   _____ Auto; die _____   das, Autos

   _____ Studentin; die _____   die, Student<u>inn</u>en (p. 22)

14. I know he knows me.

   Ich _____, er _____ mich.   weiß, kennt (p. 39)

15. **Denn** is a _____ conjunction; therefore   coordinating,

   it requires verb-_____ position.   second (p. 78)

   Weil is a _____ conjunction; therefore   subordinating,

   it requires verb-_____ position.   last (p. 227)

16. Guten Abend. _____ Sie vielleicht noch ein Zimmer frei?   Hätten (p. 262)

17. You should not eat so much.

   Du _____ nicht so viel essen.   solltest (p. 264)

18. English *in order to* corresponds to German

_____. | um . . . zu (p. 191)

19. a. I've been there <u>only once</u> (and that was all). | nur einmal (p. 173)

   b. I've been there <u>once before</u> (already). | schon einmal
   c. I've been there <u>only once</u> (so far). | erst einmal

20. a. I asked her. Ich fragte _____. | sie (p. 135)

   b. She answered me. Sie antwortete _____. | mir

B. <u>What is wrong?</u> Each of the following sentences contains a common error. You will find the correct version in the margin.

1. Er weiß, daß er zu Hause bleiben sollen hätte. | hätte zu Hause bleiben sollen

2. Du mußt nicht vergessen, ihr Blumen zu schicken. | Du darfst nicht

3. Waren Sie damals auch ein Student? | auch Student

4. Ich sollte ihn eigentlich eingeladen haben. | hätte . . . einladen sollen

5. Wir müßten gestern zu Hause bleiben. | mußten

6. Brauchst du heute nicht arbeiten? | zu arbeiten

7. Ich weiß, das er in Berlin ist. | daß

8. Sie wollte nicht uns sagen, wo sie gewesen war. | uns nicht

9. Wo aßet ihr gestern abend? | habt . . . gegessen?

10. Wenn er zwanzig war, wurde er Soldat. | Als

11. Erst drei Wochen später, fuhr er nach Hause. | (no comma)

12. Daß sie in B. wohnt, kenne ich schon lange. | weiß

13. Meyer ist seit zwei Jahren gestorben. | vor zwei Jahren

14. Sie ist nicht bis um zwölf Uhr angekommen. | erst um zwölf Uhr

15. Wann haben Sie deinen Mann kennengelernt, Frau M.? | Ihren Mann

16. Sie hat noch nie zu arbeiten müssen. | nie arbeiten (no zu)

17. Ich konnte sie nicht folgen. | ihr

18. Ich will nicht ohne ihr gehen. | ohne sie

19. Er hat gestern mir ein Buch geschenkt. | mir gestern ein Buch

20. Wir fahren morgen zum Hamburg. | nach Hamburg

UNIT 10

Grammar in a Nutshell

PREPOSITIONS

1. ALWAYS with ACCUSATIVE:

   bis, durch, für, gegen, ohne, um (see Analysis 46, p. 115)

2. ALWAYS with DATIVE:

   aus, außer, bei, mit, nach, seit, von, zu (see Analysis 52, pp. 140–142)

3. NORMALLY with GENITIVE:

   trotz, während, wegen, (an)statt (see Analysis 94, p. 302)

See Analysis 90 (pp. 291–293) 4. DATIVE or ACCUSATIVE:

   an, auf, hinter, in, neben, über, unter, vor, zwischen

   Dative: Rest or motion *within* an area (**wo?**).

   Acc.:   Motion *across* border (**wohin?**).

WO steht der Wagen?	WOHIN fährt er den Wagen? or: WO fährt er den Wagen HIN?
Er steht vor dem Haus. Er steht DA. DA steht er.	Er fährt ihn vor das Haus. Er fährt ihn DAHIN. DA fährt er ihn HIN.

Programmed Exercises

1. What is the correct article?

   a. Er fuhr den Wagen vor _____ Haus.   das

   b. Er hielt vor _____ Haus.   dem

   c. What question do you use for 1a?   wohin?
                               for 1b?   wo?

2. a. <u>Wo</u> hat er auf sie gewartet?

         Vor _____ Theater.   dem (dat.)

   b. <u>Wo</u> hat er sie <u>hin</u>gebracht?

         In _____ Theater.   das (acc.)

     or: _____ Theater.   Ins (= in das)

   c. How else could you phrase the question in 2b?

   _____   Wohin hat er . . . ?

3. a. Vor _____ Abitur lebte er in _____ Schweiz. | dem, der

   b. Wir sind über _____ Schweiz nach Italien gefahren. | die

   c. What is the English equivalent of **über** in 3b? | via, by way of

4. Although there is "motion" in the English sentence
   She walked around in the garden,
   the article in the German for *in the garden* must

   be in the _____ case, because the entire ac- | dative

   tion takes place _____; *in the garden* must | within an area

   therefore be translated by _____, and the | im Garten

   question would be _____? | wo

5. Fill in articles or pronouns. Note that the prepositions come from three different groups: dative only, accusative only, and dative or accusative.

   a. Sie fuhr in _____ Stadt. | die (wohin?)

   b. Sie kam aus _____ Schweiz. | der (always dat.)

   c. Sie hielt vor _____ Bahnhof. | dem (wo?)

   d. Er ging durch _____ Straßen. | die (always acc.)

   e. Ingrid ging mit _____. (= Hans) | ihm (always dat.)

   f. Er wollte etwas für _____ kaufen. | sie (always acc.)

   g. Sie kamen vor _____ Hotel. | das (wohin?)

   h. Sein Wagen stand hinter _____ Hotel. | dem (wo?)

   i. Ingrid hatte auf _____ gewartet. | ihn (warten + acc.)

   j. Sie wartete auf _____ Bahnhof. | dem (wo?)

   k. Sie hatte ihn seit _____ Abitur nicht gesehen. | dem (always dat.)

Grammar in a Nutshell

See Analysis 93–95 (pp. 299–303)

THE GENITIVE CASE

Forms:

	interrog. pronouns	der-words				ein-words				see Analysis
		masc.	fem.	neut.	pl.	masc.	fem.	neut.	pl.	
Nom.	wer was	der	die	das	die	ein	eine	ein	keine	20–21 (pp. 47–49)
Acc.	wen was	den	die	das	die	einen	eine	ein	keine	20–21 (pp. 47–49)
Dat.	wem was	dem	der	dem	den	einem	einer	einem	keinen	48 (pp. 131–132)
Gen.	WESSEN ___	DES	DER	DES	DER	EINES	EINER	EINES	KEINER	93 (pp. 299–300)

<u>Uses</u>:

1. With prepositions:

> **WÄHREND des Kriegers**
> **WEGEN   des Regens** (also: **wegen dem Regen**)
> **TROTZ   des Regens** (also: **trotz dem Regen**)
> **(AN)STATT des Weißweins**

2. In time phrases:

> **eines Tages, eines Morgens, eines Abends, eines Nachts**

Note: **Eines Tages (Morgens, Abends, Nachts)** refers both to a past day (like English *one day*) and to a future day (like English *some day*).

3. The attributive genitive:

a. *Precedes* if proper name:
> **WERNERS Freundin**
> **INGES Mutter**

b. *Follows* if common noun:
> **das Haus MEINES VATERS**
> **am Abend IHRES GEBURTSTAGES**

Remember:

1. **von** + dative often replaces the genitive:

> **Werners Freundin** → **die Freundin von Werner**
> **die Tochter dieser Leute** → **die Tochter von diesen Leuten**

2. Double genitive:

> one of my brother's friends
> **einer der Freunde meines Bruders**
> **einer von den Freunden meines Bruders**

3. English phrases with *of* plus noun usually have to be expressed in the genitive in German.

> the end <u>of the year</u>
> **das Ende <u>des Jahres</u>**

Programmed Exercises

1. The prepositions that take the genitive are

   _____.   während, wegen,
                                                        trotz, (an)statt

2. The prepositions that *must* take the dative are

   _____.   aus, außer, bei,
                                                        mit, nach, seit,
                                                        von, zu

3. The prepositions that *must* take the accusative

   are _____ .   bis, durch, für,
                                                                gegen, ohne, um

4. a. Während _____ Sommers war sie in den   des
      Alpen.

   b. Während _____ Woche bin ich nie zu   der
      Hause.

   c. Trotz _____ Regens haben wir gearbeitet.   des

   d. Er blieb nur wegen ___(sein)___ Freundin in Berlin.   seiner

5. Because **trotz** is often also used with the _____   dative
   case, especially in colloquial German, the first

   three words of 4c could also be _____ .   Trotz dem Regen

6. Express the underlined words in German:

   a. Some day I'll speak German fluently.   Eines Tages

   b. One night there was a terrible storm.   Eines Nachts

   c. The German for *one night* is irregular by

      _____ with such forms as **eines Morgens**   analogy
      and **eines Abends**.

7. a. Both *the girl's father* and *the end of the year*

      can be expressed in German in the _____   genitive
      case. Since both *girl* and *year* are common nouns
      (and not proper names), the genitives must

      _____ the nouns they modify (*father* and   follow
      year). Thus:

         the girl's father = _____   der Vater des
                                                                 Mädchens

         the end of the year = _____   das Ende des Jahres

   b. If *the girl* is replaced by a proper name, e.g., by

      Susi, the genitive must _____ the noun   precede
      it modifies (*father*). Thus:

         Susi's father = _____   Susis Vater

8. Try again: (watch apostrophes in English; NO
   apostrophes in German)

   a. my friend's book = _____   das Buch meines
                                                                 Freundes
   b. my friends' books = _____   die Bücher meiner
                                                                 Freunde
   c. my friend's books = _____   die Bücher meines
                                                                 Freundes

d. my friends' book = _____ | das Buch meiner
                                    | Freunde
e. Meyer's book = _____ | Meyers Buch

f. Mr. Meyer's book = _____ | Herr̲n Meyers
                                    | Buch
g. Mrs. Meyer's book = _____ | Frau Meyers Buch

Grammar in a Nutshell

*EIN-*WORDS WITHOUT NOUNS

See Analysis 96 (pp. 303–304) If not followed by a noun, **ein**-words have the same ending as **der**-words, that is, the three forms of **ein** that you have learned to use without an ending now *must* be used *with* an ending.

	masc.	fem.	neut.	plural
Nom.	meiner	meine	mein(e)s	
Acc.	meinen	meine	mein(e)s	no
Dat.	meinem	meiner	meinem	change
Gen.	meines	meiner	meines	

nom. masc.: **Hier ist ein Wagen, und dort ist auch EINER.**
nom. neut.: **Das ist mein Buch. Wo ist denn DEINS?**
acc. neut.: **Ich habe kein Buch. Hast du EINS?**

Programmed Exercises

Supply the proper **ein**-words.

1. Ich gehe mit zwei Freunden ins Kino; _____ von ihnen ist schon hier. | einer

2. Ist das _____ von Ingelheims Büchern? | eins

3. Ja, es ist _____ seiner Romane. | einer

4. Von seinen Detektivromanen habe ich noch
   _____ gelesen. | keinen

5. Ist *Die Frau mit dem Flamingo* auch _____ Buch von ihm? | ein

6. Ja, das ist auch _____ von seinen Büchern. | eins

UNIT II

Grammar in a Nutshell

Review the forms of the subjunctive presented in Unit 9. Also see table on p. 47 of the Study Guide.

See Analysis 99–100, 102 (pp. 321–324, 330–331) **INDIRECT DISCOURSE**

introductory verb	indirect-discourse statement
present tense	Er sagt, { es ist sehr heiß (gewesen = war sehr heiß). es wäre sehr heiß (gewesen). es sei sehr heiß (gewesen).
past perfect past perfect }	Er sagte, hat gesagt, hatte gesagt, } { es wäre es sei } sehr heiß (gewesen).

Programmed Exercises

Translate the underlined portions.

1. He told me he was sick.

wäre

2. He told me I didn't have to come.

brauchte nicht zu kommen

3. He said he would be working in the garden tomorrow.

würde ... arbeiten

4. He wrote that he would come tomorrow.

käme (würde ... kommen)

Grammar in a Nutshell

See Analysis 101 (pp. 324–325) **ALTERNATE SUBJUNCTIVE**

Forms:

1. Most frequently used: **sein:** **ich SEI**
er   SEI
wir SEIEN
sie SEIEN

2. All other verbs: only **ich** and **er, sie, es** forms.

Infinitive stem plus **-e:**
haben: ich, er **HABE**
arbeiten: ich, er **ARBEITE**
nehmen: ich, er **NEHME**
können: ich, er **KÖNNE**
wollen: ich, er **WOLLE**

<u>Uses</u>:

Rule of thumb: The alternate subjunctive is *interchangeable* with the normal subjunctive (see Unit 9) *except* when there is ambiguity, that is, when the forms are not clearly recognizable as subjunctive forms.

Er sagte, er $\left\{ \begin{array}{l} \text{HÄTTE} \\ \text{HABE} \end{array} \right\}$ mein Buch vergessen.

Er sagte, ich $\left\{ \begin{array}{l} \text{HÄTTE} \\ \text{~~habe~~} \end{array} \right\}$ sein Buch vergessen.

Sie sagten, sie $\left\{ \begin{array}{l} \text{MÜSSTEN} \\ \text{~~müssen~~} \end{array} \right\}$ nach Berlin fahren.

Use **sollen** for indirect *imperatives.*

Sie sagte: "Gehen Sie nach Hause."

Sie sagte, ich $\left\{ \begin{array}{l} \text{SOLLTE} \\ \text{SOLLE} \end{array} \right\}$ nach Hause gehen.

Note that English uses the same pattern:

She said, "Go home."
She said that I <u>should</u> go home. (= She told me to go home.)

Programmed Exercises

1. Forms like **habe, liebe, arbeite** are unmistakably
   subjunctive if the subject is in the _____   third
   person, but they are ambiguous if their subject is
   the personal pronoun _____.   ich

2. The normal subjunctive and the alternate subjunctive are normally _____, but the normal   interchangeable
   subjunctive <u>must</u> be used if the alternate subjunctive form could also be _____.   indicative

3. Supply *both* subjunctive forms *where possible*:

   a. sein: Er sagte, er _____ in Berlin.   sei, wäre

   b. haben: Er sagte, er _____ Meyer gesehen.   habe, hätte

   c. haben: Er sagte, Meyers _____ ihn ein-   (no), hätten
      geladen.

    d. gehen: Sie sagten, sie _____ ins Kino.   (no), gingen

    e. müssen: Er sagte, er _____ nach Berlin   müsse, müßte
       fahren.

4. Indirect imperative.

    a. Sie sagte: „Gehen Sie nach Hause."

       Sie sagte, ich _____ nach Hause gehen.   solle, sollte

    b. Sie sagte zu uns: „Kommen Sie morgen."

       Sie sagte, wir _____ morgen kommen.   (no), sollten

Grammar in a Nutshell

See Analysis
103
(pp. 331–333)

ALS, OB, WANN, WENN

1. **als**:
    a. Corresponds to English *when*, but only if it refers to *one single event in the past time*: = *at the time when*.

       ALS ich um 5 Uhr nach Hause kam, war sie schon da.

    b. Short form of **ALS OB (ALS WENN)**:

       Er tat, ALS schliefe er (als ob er schliefe).

2. **ob**:   Corresponds to English *if* = *whether*

       Indirect yes-or-no questions:
                    Kommst du?
          Sie will wissen, OB ich komme.

3. **wann**: Interrogative, meaning *at what time?*

       Direct question: **WANN kommst du?**
       Indirect question: **Sie will wissen, WANN ich komme.**

4. **wenn**:
    a. Corresponds to English *if* (but not *whether*) in conditional clauses:

       WENN er käme, wäre ich glücklich.

    b. Means *at the time when* in present or future (see 1a. above):

       WENN sie kommt, gehen wir sofort zu Meyers.

    c. Corresponds to English *whenever*:

       WENN er kam, gingen wir immer ins Kino.

       or: **Jedesmal WENN er kam, gingen wir ins Kino.**

       Technical term: Iterative (= repeated) action

Programmed Exercises

1. Wenn er nach Hause kommt, gebe ich ihm den Brief sofort. If this sentence is put in the past tense, **wenn** must be replaced by **als** because

   _____.

   there is only a single event

2. Wenn ich nach Wien komme, gehe ich immer ins Theater. This time, **wenn** cannot be replaced by **als** in the past tense because _____.

   immer indicates that this is a repeated action

3. She wants to know if I'll come.

   Sie will wissen, ~~wenn~~ ich komme.

   a. **Wenn** is wrong in this sentence, because

   _____.

   if corresponds to *whether*, therefore **ob** must be used

   b. You may also have wanted to translate "when" (= at what time) I'll come." **Wenn** is still wrong; it should be _____.

   wann

   c. In 3b, the dependent clause is an _____ question; *when*, therefore, is _____.

   indirect

   interrogative

4. Fill in the blanks with **wann, ob, als,** or **wenn.**

   a. _____ich kann, komme ich.

   Wenn

   b. _____ Klaus anrief, schlief Rosemarie noch.

   Als

   c. Sie tat, _____ schliefe sie noch.

   als

   d. Es wäre schön, _____ du hier wärst.

   wenn

   e. Weißt du, _____ sie schon hier ist?

   ob

   f. _____ soll er denn kommen?

   Wann

   g. Ich bin immer glücklich, _____ du hier bist.

   wenn

5. Now give the English equivalent and the reason for the use of **wann, ob, als,** or **wenn.**

   a. Wenn es morgen regnet, komme ich nicht.

   if: open condition

   b. Als es anfing zu regnen, gingen wir ins Haus.

   when = at the time when: single event in the past

c. Ich weiß nicht, <u>ob</u> ich kommen kann.

d. Ich wäre froh, <u>wenn</u> du hier wärst.

e. Sie sieht immer aus, <u>als</u> wäre sie krank.

f. Hat er dir gesagt, <u>wann</u> er kommt?

g. <u>Wenn</u> er mich besuchte, war ich immer glücklich.

if (whether):
indirect question
if: irreal condition

as if: (with subj.)
(= als ob sie
krank wäre)
when: indir.
question
(at what time)
when = whenever

<u>Reading</u>: The following exercise is designed to test your comprehension of the Brecht story. For each blank, select the correct completion, then check the answers provided at the end of the exercise. Unless you have made no errors, reread the story on pp. 341–343.

Wenn die Haifische Menschen wären

„Wenn die Haifische Menschen wären", fragte Herrn K. die kleine ___(1)___ seiner Wirtin, „wären sie dann netter zu den kleinen Fischen?" „___(2)___", sagte er. „Wenn die Haifische Menschen wären, würden sie im Meer für die kleinen Fische gewaltige Kästen bauen ___(3)___, mit allerhand Nahrung drin, sowohl Pflanzen als auch Tierzeug. Sie ___(4)___ sorgen, daß die Kästen immer frisches Wasser hätten, und sie würden überhaupt allerhand sanitäre Maßnahmen treffen. Wenn ___(5)___ ein Fischlein sich die Flosse verletzen würde, dann würde ihm sogleich ein Verband gemacht, damit es den ___(6)___ nicht wegstürbe vor der Zeit. Damit die Fischlein nicht trübsinnig würden, gäbe es ab und zu große Wasserfeste; ___(7)___ lustige Fischlein schmecken besser als trübsinnige. Es gäbe natürlich auch Schulen in den großen Kästen. In diesen ___(8)___ würden die Fischlein lernen, wie man in den Rachen der Haifische schwimmt. Sie würden zum Beispiel Geographie brauchen, damit sie die großen Haifische, die faul irgendwo liegen, finden ___(9)___. Die Hauptsache wäre natürlich die moralische Ausbildung des Fischleins. Sie würden unterrichtet werden, daß es das Größte und Schönste sei, wenn ein Fischlein sich freudig aufopfert, und daß sie alle an die ___(10)___ glauben müßten, vor allen, wenn sie sagten, sie würden für eine schöne Zukunft sorgen."

1. a. Frau
   b. Schwester
   c. Tochter
   d. Mutter
2. a. Nein b. Aber
   c. Leider d. Sicher
3. a. lassen b. haben
   c. sein d. sollen
4. a. werden
   b. würden
   c. wird d. wurden
5. a. zum Beispiel
   b. beim Schreiben
   c. wie immer
   d. am besten
6. a. Fischlein
   b. Haifischen
   c. Kästen
   d. Menschen
7. a. da b. dann
   c. weil d. denn
8. a. Kästen
   b. Büchern
   c. Schulen
   d. Festen
9. a. kann
   b. konnten
   c. konnte
   d. könnten
10. a. Haifische
    b. Geographie
    c. Ausbildung
    d. Fischlein

Correct answers:
1. c, 2. d, 3. a, 4. b,
5. a, 6. b. 7. d, 8. c,
9. d, 10. a

UNIT 12

Grammar in a Nutshell

RELATIVE PRONOUNS

See Analysis
104
(pp. 353–356)

German has *definite* and *indefinite pronouns.*

The <u>definite relative pronoun</u> has the same forms as the definite article: **der, die, das,** but note the genitives

DESSEN   DEREN   DESSEN   DEREN

and the dative plural   **DENEN**

<u>Agreement:</u>

    antecedent determines ┬──→ function in relative
    gender and number   clause determines case

Von einem Mann, | der | **Ingelheim heißt, weiß
                            ich nichts.**

        ──────→ masc. sing.
                subject = nominative ◄──────

The <u>indefinite relative pronouns</u> are **wer** and **was.**

<u>Uses:</u>

1. No antecedent:
   WER Geld hat, hat auch Freunde.

2. Antecedent is an entire clause:
   Sie hat mich eingeladen, WAS ich sehr nett finde.

3. With **alles, nichts, etwas:**
   Alles, WAS er sagt, ist wahr.

Programmed Exercises

1. Der Mann, <u>den</u> Erika gesehen hat, ist Meyer.

   The form **den** shows that the relative pronoun agrees

   in gender and number with its _____, but

   it is in the accusative, because it is the _____
   of the relative clause.

2. Die Frau, <u>(rel. pron.)</u> das Buch gehört, ist nicht
   mehr hier.

   The relative pronoun must be _____, be-

   cause the verb **gehören** governs the _____
   case.

antecedent (der Mann)
direct object
der
dative

3. Ich habe nichts gesehen, ⌊(rel. pron.)⌋ dir gehört.

   a. The relative pronoun must be _____,   was

      because its antecedent is _____.   nichts

   b. After **nichts** and **etwas**, you must use one of the

      _____ relative pronouns.   indefinite

4. Supply the correct relative pronouns in the incomplete sentences below.

gender and number	⟶ ⟵	case

Der Mann, _____ ich gesehen habe,	**den:** masc. sing. direct obj. (acc.)
Die Stadt, in _____ er wohnt,	**der:** fem. sing. dative (wo?)
Ein Mädchen, _____ er kennenlernte,	**das:** neut. sing. direct obj.
Mit einem Wagen, _____ ihm nicht gehört,	**der:** gender? number?
Die zwei Männer, _____ er das Buch gab,	**denen:** number? function?

In the last incomplete sentence above, the gender of

the antecedent is unimportant because _____.   in the plural, all three genders have the same form

Grammar in a Nutshell

See Analysis 105–106 (pp. 356–358)

DA-COMPOUNDS, *WO*-COMPOUNDS

Preposition plus *person* = preposition plus personal pronoun

    mit Karl ⟶ **mit ihm**
    mit meinem Vater ⟶ **mit ihm**

Preposition plus *thing(s)* = **da**-compound

    mit meinem Wagen ⟶ **damit**
    mit meiner Uhr ⟶ **damit**
    mit zwei Büchern ⟶ **damit**

Remember:

1. With *unstressed* nouns and pronouns, **da**-compounds *must* be used.

2. With *stressed* nouns and pronouns, you have a choice:

    a. **mit <u>dem</u>' Buch**
    b. **mit dem <u>Buch</u>'** } either **<u>da</u>'mit** or **mit <u>dem</u>'**

Unlike **da**-compounds, **wo**-compounds are optional.

AN WAS denkst du?
WORAN denkst du?

See Analysis
91 (p. 293) Note: Directives are replaced by **dahin** or **daher**.

Fährst du nach Hamburg? Dahin fahre ich auch.
Du kommst vom Rhein? Daher komme ich auch.

Programmed Exercises

1. Replace the <u>underlined</u> elements by either a **da**-compound or a preposition plus personal pronoun.

a. Das Auto war nicht <u>in der Garage</u>.	darin
b. <u>In die Schweiz</u> fahren wir dieses Jahr nicht.	Dahin
c. Wir kommen gerade <u>von der Mosel</u>.	daher
d. Ich bin kein Freund <u>von Moselwein</u>.	davon
e. Gerhard ist ein Freund <u>von Herrn Kögel</u>.	von ihm
f. Der Wagen stand direkt <u>vor dem Hotel</u>.	davor
g. Was hast du denn <u>mit meiner Uhr</u> gemacht?	damit
h. Georg war gestern <u>mit meiner Schwester</u> im Kino.	mit ihr
i. Ich fahre in einer Stunde <u>zum Bahnhof</u>.	dahin
j. Der Schlüssel gehört <u>zu meinem Volkswagen</u>.	dazu

2. In 1b **dahin** rather than **darin** must be used because **in die Schweiz** is a _____. — directive

3. **Dahin** is used if the motion is _____ the speaker, and **daher** is used if the motion is _____ the speaker. — away from / toward

4. **Dar-** rather than **da-** must be used if the preposition begins with a _____. — vowel

Grammar in a Nutshell

PREPOSITIONAL OBJECTS

While you are studying prepositional objects, review objects in the *dative* and in the *accusative* (see Analysis 49, pp. 132–135).

See Analysis
107–08
(pp. 364–367) It is *most important* that you memorize the list of verbs with prepositional objects on p. 365, because English usually does not use the same preposition. As additional verbs are introduced in later units, be sure to memorize them *with their prepositions*.

Remember: Prepositional objects with **an, auf, über** are in the *accusative*:

Ich denke *an dich*.
Er wartet *auf mich*.
Sie lacht *über ihn*.

Note the difference:

Ich warte <u>auf der</u> Post.   (wo?)
    (I'll be waiting at the post office.)

Ich warte <u>auf die</u> Post.   (auf was? worauf?)
    (I am waiting for the mail.)

Ich fahre <u>an den</u> Bodensee.   (wohin?)

Ich denke <u>an den</u> Bodensee.   (an was? woran?)

Ich denke <u>an den</u> Vater.   (an wen?)

Prepositional objects are <u>always</u> *second prong*.

Ich	warte	heute abend		auf Julia.	
				auf sie.	
			nicht		
Ich	habe	meinem Freund		für die Blumen	gedankt.
				dafür	gedankt.

Expansion into dependent clauses or infinite phrases:

(Anticipatory **da**-compounds)

Ich danke dir <u>FÜR deine Hilfe</u>.

⟶ **Ich danke dir DAFÜR, daß <u>du</u> mir <u>geholfen</u> hast.**

Ich hoffe <u>AUF ein Wiedersehen mit ihr</u>.

⟶ **Ich hoffe <u>DARAUF, sie wiederzusehen</u>.**

Programmed Exercises

1. After you have memorized the verb list on p. 365, do the following exercise by supplying the correct prepositions.

a. Warum hast du Angst _____ ihm?   vor

b. Hat er dich _____ einem Glas Wein ein-geladen?   zu

c. Heinrich Meyer versteht nichts _____ Psychologie.   von

d. Ich halte Meyer _____ einen Dummkopf.   für

e. Warum hältst du nichts _____ Meyer? | von

f. Der Schlüssel gehört _____ meinem VW. | zu

g. _____ seinen Brief habe ich nicht geant-wortet. | Auf

h. Ich habe lange nichts _____ ihm gehört. | von

i. Darf ich Sie _____ etwas bitten? | um

j. Wie hat er _____ deinen Brief reagiert? | auf

2. Now supply the correct article. Remember that the **an-auf-über** group takes the accusative.

a. Hast du ihm für _____ Blumen gedankt? | die (acc. pl.)

b. Hast du an _____ Bier gedacht? | das (neut. acc. sing.)

c. Über _____ Brief muß ich noch nach-denken. | den (masc. acc. sing.)

d. Fragen Sie ihn doch nach _____ Geld. | dem (neut. dat. sing.)

e. Er lachte immer über _____ Professoren. | die (acc. pl.)

f. Wir sprachen von _____ Romanen von Ingelheim. | den (dat. pl.)

g. Wir haben lange auf _____ Brief gewartet. | den (masc. acc. sing.)

UNIT 13

Grammar in a Nutshell

INFINITIVES

See Analysis
109 (p. 387)

Present infinitive

(zu) wohnen	to live
(zu) gehen	to go
(zu) können	(to be able)
(zu) haben	to have
(zu) sein	to be

Past infinitive

gewohnt	**(zu) haben**	to have lived
gegangen	**(zu)** <u>**sein**</u>	to <u>have</u> gone
gekonnt	**(zu) haben**	(to have been able)
gehabt	**(zu) haben**	to have had
gewesen	**(zu)** <u>**sein**</u>	to <u>have</u> been

TIME RELATIONSHIPS

1. Present and past infinitives.

There are two possible relationships between the time of the inflected verb (first prong) and the time of the infinitive:

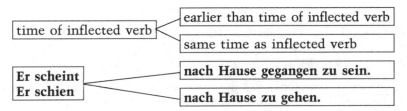

The time of the introductory verb is immaterial; what determines the type of infinitive is only its time relationship to the time of the introductory verb. The same is true with indirect discourse, except that in *indirect discourse* there is also the possibility of a *later time* in the indirect-discourse clause.

See Analysis
99–100
(pp. 321–324)

2. Indirect discourse.

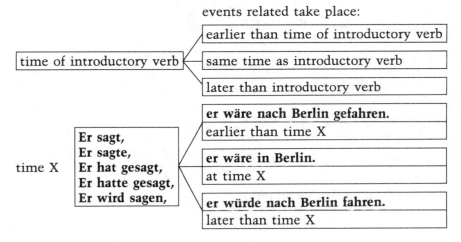

3. Modals.

See Analysis
110
(pp. 387–390)

When modals are used with either present or past infinitives, the same kind of time relationships must be observed. Complication: Because **mußte** (past tense) is usually used instead of **hat ... müssen** (perfect), the form **mußte** appears in two different functions in the table below.

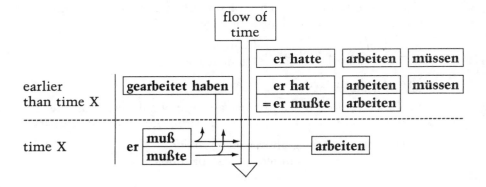

OBJECTIVE AND SUBJECTIVE USE OF MODALS

Review all analysis sections dealing with modals: Analysis
41–44 (pp. 107–108, 112–113), 57–58, 60 (pp. 162–164, 171), 62
(pp. 188–191), 73 (pp. 223–226), 82, 85 (pp. 259–261, 270–271).

See Analysis
110–11
(pp. 387–391)
1. Objective use: Only the <u>grammatical subject</u> is affected by
the modal. The speaker's attitudes are not involved.

> **Meyer ↔ muß arbeiten.**
> **Meyer ↔ hat arbeiten müssen.**

2. Subjective use: Some sort of *assumption* is made *about the
grammatical subject*, usually by the speaker, which objectively, is not necessarily true.
Speaker and subject may, of course, be identical:

> **Ich muß geschlafen haben.**
> = I assume that I have slept.

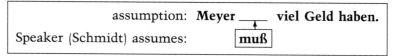

assumption: **Meyer ____ viel Geld haben.**

Speaker (Schmidt) assumes: **muß**

The same situation can be expressed without using a modal:

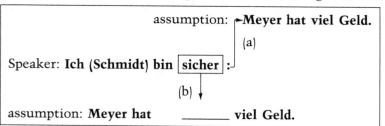

assumption: **Meyer hat viel Geld.**
(a)
Speaker: **Ich (Schmidt) bin sicher :**
(b)
assumption: **Meyer hat _____ viel Geld.**

The last diagram shows: If a modal is used subjectively, it can
be replaced by an introductory statement or by a sentence
adverb.

Use of tenses:

Only *present* and *past* tense of subjective modals with either
present or past dependent infinitives.

Er { **muß** / **mußte** } viel Geld { **haben.** / **gehabt haben.** }

Use of subjunctive:

Subjunctive does *not* automatically imply subjective use. It
usually implies a more *tentative assumption*, but not irreality.

> *Do not confuse*: grammatical *subject*
> *subjective* use of modal
> *subjunctive*

Compare:

1. Sie $\begin{Bmatrix} \text{muß} \\ \text{kann} \\ \text{mag} \end{Bmatrix}$ schon zu Hause <u>sein</u>.

    = *Present* assumption about *present* possibility

2. Sie $\begin{Bmatrix} \text{müßte} \\ \text{könnte} \\ \text{dürfte} \end{Bmatrix}$ schon zu Hause <u>sein</u>.

    = *Present*, but more *tentative*, assumption about *present* possibility

3. Sie $\begin{Bmatrix} \text{muß} \\ \text{müßte} \\ \text{kann} \\ \text{könnte} \\ \text{mag} \\ \text{dürfte} \end{Bmatrix}$ schon zu Hause <u>gewesen sein</u>.

    = *Present* assumption about *past* possibility

Remember:

1. **Möchte** cannot be used in the same way:

    Sie möchte zu Hause sein.
    = She would like to be at home. (objective)

2. **Wollen**, used subjectively, implies a claim:

    Er will General sein (General gewesen sein).
    = He claims to be (to have been) a general.

3. **Sollen**, used subjectively, implies hearsay:

    Sie soll wieder in Berlin sein.
    = I hear that she is in Berlin again.

4. **Scheinen** behaves like a subjective modal: only present and past may be used:

    Er $\begin{Bmatrix} \text{scheint} \\ \text{schien} \end{Bmatrix}$ in Berlin $\begin{Bmatrix} \text{zu sein.} \\ \text{gewesen zu sein.} \end{Bmatrix}$

5. **Werden**, used objectively, is the auxiliary for the future and future perfect tenses:

    Er wird bald ankommen (angekommen sein).

Used subjectively, it expresses present or past probability:

    Er wird (wohl) schon hier sein (gewesen sein).

Programmed Exercises

1. There are two types of infinitives:

   _____ and _____.   present, past

2. Supply infinitives of **arbeiten** as indicated.
   Observe presence or absence of **zu**.

   a. Sie scheint _____. (pres.)   zu arbeiten

   b. Sie muß _____. (pres.)   arbeiten

   c. Sie wollte _____. (pres.)   arbeiten

   d. Sie muß _____. (past)   gearbeitet haben

   e. Sie scheint _____. (past)   gearbeitet zu
                                                          haben

   f. Sie schien _____. (past)   gearbeitet zu
                                                          haben

   g. Sie soll _____. (pres.)   arbeiten

   h. Sie hat _____ müssen. (pres.)   arbeiten

3. Er schien zu schlafen.

   The use of past tense with present infinitive im-

   plies that the sleeping took place _____ as   at the same time
   the time of **schien**.

4. Modals can be used in two ways, _____ or   subjectively

   _____.   objectively

5. If used *objectively*, only the _____ of the   subject
   sentence is affected; if used *subjectively*, the

   modal expresses an _____ on the part of   assumption

   the _____.   speaker

6. With the subjunctive, subjective modals express

   a more _____ assumption on the speaker's   tentative
   part.

7. Subjective or objective?

   Sie <u>müßte</u> eigentlich schon hier sein.   subjective

8. Er will Arzt sein und in Wien studiert haben.

   He _____ to be a doctor and _____   claims, to have
   in Vienna.   studied

9. Meyer soll schon wieder in Italien gewesen sein.
   Subjective or objective?

   The sentence expresses _____.   hearsay

10. Der Arzt sagt, ich soll jeden Tag schwimmen.
    Subjective or objective? | objective

11. a. The indicative of **ich möchte** is **ich** _____ . | mag

     b. Ich habe ihn nie gemocht. I never _____ him. | liked

     c. He was perhaps 20 years old. Er _____ 20 Jahre alt sein. | mochte

12. Subjective: Sie kann schon zu Hause sein.

    It is _____ that she is already at home. | possible

    What is the change in the meaning if **kann** is replaced by **könnte**? | more tentative

13. With subjective modals, the subjunctive does not

    imply _____ . | irreality

14. a. Meyer hätte fliehen können.
        Past subjunctive plus present infinitive implies

        Meyer's _____ ability to do something | past

        in the _____ . | past

     b. Meyer könnte geflohen sein.
        Present subjunctive plus past infinitive implies

        a _____ possibility that Meyer escaped | present

        in the _____ . | past

15. Subjective or objective? (S or O)

     a. Er sagte, er <u>müßte</u> heute arbeiten. | O: indirect discourse

     b. Wenn sie in England gelebt hat, <u>müßte</u> sie doch Englisch können. | S: qualified assumption

     c. Was? Er <u>will</u> gestern abend hier gewesen sein? | S: claim

     d. Sie <u>will</u> schon wieder nach Italien fahren. | O: intention

     e. Hans <u>sollte</u> um acht Uhr kommen, aber er kam erst um neun. | O: plan of operation

     f. Ich <u>sollte</u> eigentlich schon gestern nach B. fahren. | O: plan of operation

     g. Maria <u>sollte</u> damals auch dort gewesen sein, aber das habe ich nie geglaubt. | S: hearsay

     h. Er <u>kann</u> gut fahren; er <u>könnte</u> also schon in Bonn sein. | O: ability S: possibility

     i. Ingelheim <u>mochte</u> damals nicht gesund gewesen sein. | S: inference

j. Sie <u>mochte</u> keinen Wein mehr.	O: dislike
k. Ich <u>hätte</u> natürlich auch zu Hause bleiben <u>können</u>.	O: ability
l. Er <u>könnte</u> das Geld auch gestohlen haben.	S: possibility
m. Er <u>durfte</u> sie nach Hause bringen.	O: permission
n. Er <u>dürfte</u> sie nach Hause gebracht haben.	S: possibility

16. Supply the correct forms of **wollen** and the correct infinitive.

a. Er behauptet, General zu sein.	
Er _____ General _____.	will, sein
b. Er behauptete, General gewesen zu sein.	
Er _____ General _____.	wollte, gewesen sein
c. Er behauptet, General gewesen zu sein.	
Er _____ General _____.	will, gewesen sein
d. Er behauptete, General zu sein.	
Er _____ General _____.	wollte, sein

Grammar in a Nutshell

SENTENCE ADVERBS

<u>Review</u> Analysis 31 (pp. 77–78), 86 (pp. 271–272), 118 (pp. 400–401).

Like subjective modals, sentence adverbs express an *attitude or assumption* on the part of the speaker.

Ich bin sicher, daß er zu Hause ist. → Er ist <u>sicher</u> zu Hause.

Ich glaube bestimmt, daß er schon hier ist. → Er ist <u>bestimmt</u> schon hier.

Ich hoffe, er ist wieder da. → Er ist <u>hoffentlich</u> wieder da.

<u>Position:</u>

Three possible positions: (a) front field, (b) inner field, or (c) end field, but most sentence adverbs appear only in (a) or (b).

   Leider ist er krank.
   Er ist leider krank.
   Er ist krank — leider. (afterthought)

INNER FIELD ONLY: **denn, ja, doch**; also, **doch nur** followed by a subjunctive. When used in front field, **denn** is *not* a sentence adverb.

In the inner field, sentence adverbs stand *between items of no news value and items of news value.*

The following words, introduced through Unit 13, can be **used** as sentence adverbs:

bestimmt	**eigentlich**	**ja**	**übrigens**
denn	**glücklicherweise**	**leider**	**wahrscheinlich**
doch	**gottseidank**	**natürlich**	**wenigstens**
doch nur	**hoffentlich**	**sicher**	**wirklich**

Programmed Exercises

Add a fitting sentence adverb:

1. I'm quite certain that she is in Berlin.

   Sie ist _____ in Berlin.

   sicher, bestimmt

2. He had the good fortune of not being a soldier.

   Er war _____ nicht Soldat.

   glücklicherweise

3. Incidentally, do you know that Inge is here?

   Weißt du _____, daß Inge hier ist?

   übrigens

4. If only I didn't have to visit Tante Amalie.

   Wenn ich _____ Tante Amalie nicht besuchen müßte.

   doch nur

5. You are coming tomorrow, aren't you?

   Sie kommen _____ morgen, nicht wahr?

   doch

6. It's too bad, but I won't be able to come.

   Ich kann _____ nicht kommen.

   leider

7. I really ought to go home, but . . .

   Ich müßte _____ nach Hause, aber . . .

   eigentlich

8. He's gone to Berlin, you know.

   Der ist _____ nach Berlin gefahren.

   doch

9. Are you working today? (I'm surprised.)

   Arbeiten Sie _____ heute?

   denn

10. You're staying in Cologne, I hope.

    Du bleibst _____ in Köln.

    hoffentlich

11. Is it true that she is staying here?

    Bleibt sie _____ hier?

    wirklich

12. I am sure he has a friend in Cologne.

    Er hat _____ eine Freundin in Köln.

    bestimmt, sicher

UNIT 14

Grammar in a Nutshell

See Analysis
120–21; 123–24
(pp. 418–421;
427–429)

REFLEXIVE PRONOUNS AND REFLEXIVE VERBS

German reflexive verbs do not present much of a structural problem once you get used to the fact that German has many more mandatory reflexives than English. (The English equivalents usually do not contain a form like *myself*.)

1. Reflexive pronouns.

First and second person forms: identical with personal pronouns (**mir, mich,** etc.).

Third person *always* **sich** (dative and accusative).

Reflexive pronouns are used if object is identical with subject.

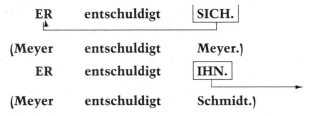

ER	**entschuldigt**	**SICH.**
(**Meyer**	**entschuldigt**	**Meyer.**)
ER	**entschuldigt**	**IHN.**
(**Meyer**	**entschuldigt**	**Schmidt.**)

Both **sich** and **ihn** are genuine accusative objects.

2. Mandatory reflexives.

Sie	**verliebt**	**SICH.**

Sich is *not* an accusative object and cannot be replaced by another pronoun or a noun.

English possessive adjectives → German pronoun + article

I am washing my hands.

Ich wasche **mir** **die Hände.**

Action and State:

Some reflexives can express a *transition* from one state to another.

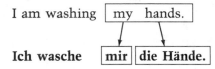

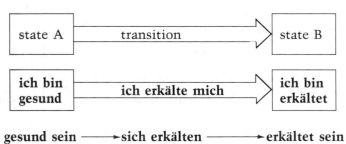

state A	transition	state B

ich bin gesund	**ich erkälte mich**	**ich bin erkältet**

gesund sein ——→ **sich erkälten** ——————→ **erkältet sein**

The resulting state is expressed by **SEIN** + *participle.*

sich verlieben — **verliebt sein**
sich anziehen — **angezogen sein**
sich ausruhen — **ausgeruht sein**
sich rasieren — **rasiert sein**

setzen, stellen, legen:

Carefully distinguish between *three sets of forms.*

1.   **setzen** —   **stellen** —   **legen** — transitive, weak verbs
2. **sich setzen** — **sich stellen** — **sich legen** — transitive, weak verbs

3.   **sitzen** —   **stehen** —   **liegen** — intransitive, strong verbs

Be sure you know the <u>principal parts</u> of these verbs.

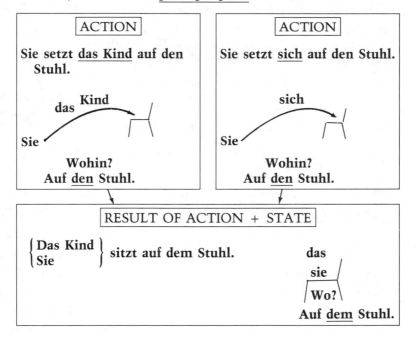

Programmed Exercises

1. a. The reflexive pronoun **sich** is always used in

     the _____ person.   third

    b. In the first and second persons, the reflexive

     is the same as the _____ pronouns.   personal

2. Reflexive pronouns must be used if the object is

    identical with the _____.   subject

3. a. I've introduced her.

    Ich habe _____ vorgestellt.   sie

    b. I've introduced myself.

    Ich habe _____ vorgestellt.   mich

4. An English example of a mandatory reflexive

    verb is _____.   to enjoy oneself

5. Transitional reflexives describe an _____   action

    that leads from one _____ to another.   state

6. The resulting state is expressed with _____   sein

    plus _____. Thus, the state resulting from   participle

    sich erkälten is _____.   erkältet sein

7. **Setzen, stellen,** and **legen** are _____ and   weak
    transitive verbs describing actions. Their reflexive
    forms **sich setzen, sich stellen, sich legen** (source of

    confusion!) correspond to English _____,   to <u>sit</u> down;
                                                                          to <u>place</u> oneself;
    _____, _____.   to <u>lie</u> down

8. The actions of 7 result in the three strong and

    intransitive verbs _____, _____,   sitzen, stehen

    _____.   liegen

9. What are the German equivalents?
    a. to fall in love with   sich verlieben in
    b. to change clothes   sich umziehen
    c. to get enough sleep   sich ausschlafen
    d. to get excited about   sich aufregen über
    e. to get used to   sich gewöhnen an
    f. to change   sich verändern
    g. to lie down   sich legen
    h. to be bored   sich langweilen
    i. to be interested in   sich interessieren
                                                                              für
    j. to remember   sich erinnern an
    k. to look forward to   sich freuen <u>auf</u>
    l. to be happy about   sich freuen <u>über</u>
    m. to rely on   sich verlassen auf

10. a. May I introduce myself?

    Darf ich _____ vorstellen?   mich

    b. I can imagine that.

    Das kann ich _____ vorstellen.   mir

11. I broke my arm.	
Ich habe _____ Arm gebrochen.	mir den
12. a. English *each other* corresponds to German	
_____.	einander
b. This form is called a _____ pronoun.	reciprocal
c. They helped each other.	
Sie halfen _____.	sich
or: _____.	einander

Grammar in a Nutshell

See Analysis 122 (pp. 421–422)

THE EMPHATIC PRONOUN *SELBST* (*SELBER*)

Do not confuse the emphatic pronoun **selbst** and the reflexive pronoun **sich**.

The emphatic **selbst** is always stressed.
Use it when English *-self* (*-selves*) is stressed.
Its use has nothing to do with reflexives; it occurs with reflexive and with nonreflexive verbs.

> I did it my<u>self</u>.
> **Ich habe es <u>selbst</u> getan.**

> Think of your<u>self</u> for a change, too.
> **Denk doch auch mal an <u>dich</u> <u>selbst</u>.**

> He is amazed at it him<u>self</u>.
> **Er wundert <u>sich</u> <u>selbst</u> darüber.**

<u>Uses</u>:

1. To emphasize a preceding noun or pronoun:

> **Er fährt $\left\{ \dfrac{\text{selbst}}{\text{selber}} \right\}$ nach Berlin.**

2. To express the idea "without help":

> **Ich kann den Brief ja auch $\left\{ \dfrac{\text{selbst}}{\text{selber}} \right\}$ schreiben.**

3. To contrast two statements:

> **Ich <u>selbst</u> muß <u>hier</u> bleiben, aber <u>du</u> kannst <u>gehen</u>.**

4. As a synonym of **auch**:

> **Ich habe $\left\{ \begin{array}{c} \text{selbst} \\ \underline{\text{selber}} \\ \underline{\text{auch}} \end{array} \right\}$ kein Geld.**

5. As a synonym of **sogar** and **auch** meaning *even* (<u>not</u> interchangeable with **selber**):

> $\left\{ \begin{array}{l} \text{Selbst} \\ \text{Sogar} \\ \text{Auch} \end{array} \right\}$ <u>das</u> ist ihm zuviel.

Programmed Exercises

1. **Selbst** and **selber** are _____ pronouns.	emphatic
2. They are (always? never?) stressed.	always
3. Du brauchst mir nicht zu helfen; ich kann das <u>selber</u> machen.	
The meaning of **selber** in this sentence is	
"_____."	without help
4. Ich bin <u>selbst</u> nicht glücklich.	
or: Ich bin _____ nicht glücklich.	auch
5. Selbst Meyer war gestern im Kino.	
a. **Selbst** can be replaced by _____ or	Sogar
_____.	Auch
b. **Selbst Meyer** must be translated by _____.	Even Meyer
c. In this case, **selbst** cannot be replaced by	
_____.	selber

UNIT 15

Grammar in a Nutshell

ATTRIBUTIVE ADJECTIVES

<table>
<tr><td>See Analysis
127
(pp. 445–449)</td><td>Two sets of endings: 1. strong
                        2. weak</td></tr>
</table>

Strong endings = endings of **der, die, das**. (See table on p. 447.)
                Exception: gen. masc. and neut. = **-en**.

   der-words: *always strong endings:*

> **der**
> **dieser**
> **jeder**
> **mancher**
> **welcher**

Weak endings: only two: **-e** and **-en**

   For the distribution of these endings, see the table on p. 447.

   Except for the "**der**-words" (which <u>always</u> take strong endings), *all adjectives may take either strong or weak endings*, depending on the following principle:

> **GENERAL PRINCIPLE:**
>
> There *must* be a strong ending in the first
> *possible* place in any adjectival phrase.
>
> (If the only "adjective" is an endingless form like **ein**,
> this principle obviously does not hold.)

Study carefully the examples on p. 448.

Mastering adjectives: While it is easy to comprehend the
German adjective system intellectually, it will take a long
time to master these forms so thoroughly that you can produce
them automatically. The only way to get there is through constant use. Drill all patterns and exercises of Unit 15 repeatedly
and thoroughly. Memorize as many sentences as possible, so
that you can produce others by analogy.

Programmed Exercises

1. Das Buch soll sehr gut sein.

   The word **gut** is a _____.   predicate adjective

2. Ingelheim schreibt sehr gut.

   Now, the word **gut** is an _____.   adverb

3. In German, adverbs and predicate adjectives

   usually have the same _____, whereas   form
   English adjectives need to add the ending

   _____ in order to become adverbs.   -ly

4. If an adjective appears in front of a noun, it is

   called an _____ adjective and must take   attributive

   an _____.   ending

5. German adjectives can have two types of endings,

   _____ and _____ endings.   strong, weak

6. The strong endings are the endings of the _____-   der
   words; thus, for example, the dative masculine

   singular ending must be _____, and the   -em

   genitive plural ending must be _____.   -er

7. **Ein**-words have the same endings as **der**-words,

   except in 3 forms: (1) _____, (2) _____,   nom. masc.;
   nom. neut.;
   (3) _____.   acc. neut.

   In these 3 forms, the **ein**-words have _____   no
   ending.

8. There are only two weak endings, _____   -e
   and _____.   -en

9. Nominative and accusative forms are always
   alike, except in the _____.   masc. sing.

10. If an attributive adjective follows a **der**-word, its
    ending is *always* (strong? weak?).   weak

11. a. The young man is my brother.

   Der _____ Mann ist _____ Bruder.   junge, mein

   b. Which young man?

   _____ Mann?   Welcher junge

   c. This young man.

   _____ Mann.   Dieser junge

12. a. I know this young man.

   Ich kenne _____ Mann.   diesen jungen

   b. I know this young woman.

   Ich kenne _____ Frau.   diese junge

   c. I know this young girl.

   Ich kenne _____ Mädchen.   dieses junge

13. I went to school with this young man (woman,
    girl).

   Ich bin mit _____ Mann zur   diesem jungen
   Schule gegangen.

   Ich bin mit _____ Frau zur   dieser jungen
   Schule gegangen.

   Ich bin mit _____ Mädchen   diesem jungen
   zur Schule gegangen.

14. Karin is the young man's (woman's, girl's) sister.

   Karin ist die Schwester _____   dieses jungen
   Mannes.

   Karin ist die Schwester _____   dieser jungen
   Frau.

   Karin ist die Schwester _____   dieses jungen
   Mädchens.

15. Do you know these young men (women, girls)?

   Kennst du _____ Männer   diese jungen
   (Frauen, Mädchen)?

16. What is the correct form of **dieser**?

_____ ist meine Freundin Erika.　　Dies

17. The plural of **jeder Mensch** is _____.　　alle Menschen

18. The normal way of expressing _such a_ is

_____.　　so ein

19. a. Die Nacht war dunkel.

Es war eine _____ Nacht. (spelling!)　　dunkle

b. Das Haus ist hoch.

Es ist ein _____ Haus. (spelling!)　　hohes

20. Following an **ein**-word without an ending, attributive adjectives must take _____ endings.　　strong

21. a. a young man = ein _____ Mann　　junger

b. a young girl = ein _____ Mädchen　　junges

22. If two or more adjectives follow each other, they

take _____.　　the same ending

23. a. This is a good German wine.

Das ist ein _____ Wein.　　guter deutscher

b. Good German wine is expensive.

_____ Wein ist teuer.　　Guter deutscher

c. This expensive German wine is good.

_____ Wein ist　　Dieser teure

gut.　　deutsche

Grammar in a Nutshell

See Analysis
133 (p. 458)

HIN AND _HER_

Basic meaning: | Speaker | → **hin**

← **her**

Remember the difference between

wo? —<u>at</u> what place? —**da**
wohin? —<u>to</u> what place? —**dahin**
woher? —<u>from</u> what place? —**daher**

Uses:

1. Verbal complements: **hinbringen**
hinfahren
herkommen
etc.

2. With adverbs: place: **hierher**
dorthin
von daher
etc.

time: **vorher** (earlier, beforehand)
nachher (later, afterward)
vorhin (a little while ago)

3. With **wo**: <u>Wohin</u> gehst du?
<u>Wo</u> gehst du <u>hin</u>?

<u>Woher</u> kommst du?
<u>Wo</u> kommst du <u>her</u>?

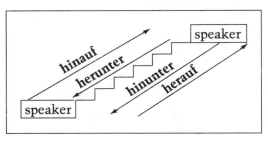

Note the reversal of **hin-** and **her-**, depending on the speaker's position

Programmed Exercises

1. Where are you coming from?
Wo kommen Sie denn _____?   her

2. I am going there, too.
Da gehe ich auch _____.   hin

3. Can you take me there?
Können Sie mich _____?   hinbringen

4. How did <u>you</u> get here?
Wie bist <u>du</u> denn _____ gekommen?   hierher

5. Erika was here just a little while ago.
Erika war gerade _____ hier.   vorhin

6. Please bring my coat down.
Bitte bring meinen Mantel _____.   herunter

Grammar in a Nutshell

REVIEW OF NEGATION

Review Analysis 33–39 (pp. 83–88), 42–43 (pp. 112–113), 85, 87 (pp. 270–272), 112–113 (pp. 396–397).

See Analysis 132 (pp. 457–458) The introduction of the rhetorical **nicht** in Unit 15 completes the description of all major patterns of negation in German.

Position of **nicht**: Anywhere from the first word to the last word of a sentence, but *not arbitrary*.

Front field: Normally only in the pattern with **sondern**.

> **Nicht am Sonntag, sondern erst am Montag**
> **sind wir . . .**

Inner field: At end of sentence only if *no* second prong.

> **Heute kommt Schmidt-Ingelheim leider nicht.**

Nicht *always precedes second prong.*

> **Heute kann er leider nicht kommen.**
> **Heute ist   er leider nicht gekommen.**
> **Leider ist mein Sohn nicht Arzt.**

Remember: objects are normally *not* second prong.

> **Sie hat meine Mutter nicht gekannt.**

If **nicht** stands at the end of the sentence or immediately in front of the second prong, it negates the whole sentence. As **nicht** moves farther forward, i.e., to the left, it negates less and less until (in yes-or-no questions) it becomes only rhetorical with the expectation of an affirmative answer.

> **Ich war leider gestern nicht im Theater.**
> **Ich war leider nicht gestern im Theater, (sondern vorgestern).**
> **Waren Sie nicht gestern mit Ihrer Frau im Theater?**

Programmed Exercises

Review exercise on negation. Negate the following sentences.

1. Herr Meyer ist sehr intelligent.	nicht sehr
2. Er war mit Inge gestern abend im Kino. (Nein, gestern nachmittag!)	nicht gestern abend, sondern gestern nachmittag
3. Sie hat lange geschlafen. (Nein, nur fünf Minuten!)	nicht lange
4. Sie hat lange geschlafen. (Sie war drei Tage nicht im Bett.)	lange nicht
5. Das ist ein guter Wein.	kein guter Wein
6. Ein sehr guter Wein ist das.	ist das nicht
7. Haben Sie meinen Freund Meyer besucht?	nicht besucht
8. Haben Sie einen Bruder?	keinen Bruder
9. Haben Sie einen Bruder in Köln? (Sie haben doch einen Bruder in Köln, nicht wahr?)	nicht einen <u>Bruder</u> (rhetorical)
10. Ich habe <u>ein</u> Buch gelesen.	nicht <u>ein</u> Buch

11. Hast du Ingelheims neuen Roman schon gelesen? | noch nicht gelesen

12. Sie wohnt immer noch in Konstanz. | nicht mehr in Konstanz

13. Hans hat mir Blumen zum Geburtstag geschickt. | keine Blumen

14. Ich habe dieses Jahr ihren Geburtstag vergessen. | nicht vergessen

15. Der Schnellzug um 11:53 fährt nach Köln. | nicht nach Köln

16. Meyer wohnt doch jetzt in München.
    (Nein, Hueber wohnt in München.) | Nicht Meyer, sondern Hueber wohnt in München.

17. Waren Sie vor ein paar Jahren schon einmal in Deutschland?
    (Sie waren doch dort, nicht wahr?) | nicht vor ein paar Jahren

UNIT 16

Grammar in a Nutshell

See Analysis 134–37 (pp. 477–483)

INFINITIVES

Review the position of infinitives with modals and with **brauchen** (Analysis 42–44, pp. 112–113).

Remember: All infinitives introduced so far stand in the second prong.

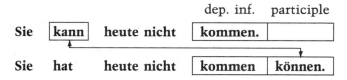

"double infinitive"

In Unit 16, these second-prong infinitives are reviewed and some new ones introduced. In addition, *end-field infinitives* are introduced.

You must distinguish between three types:

1. Second-prong infinitives *without* **zu**.
2. Second-prong infinitives *with* **zu**.
3. End-field infinitives, always *with* **zu**.

Note carefully: Some of the verbs in the table below use a participle that looks like the infinitive; you know this structure, the so-called "double infinitive," from the modals and from **brauchen**. It is also used with **hören, sehen,** and **lassen**. All sentences are given in the perfect to show the position of dependent infinitive and participle.

(Exception: **scheinen**: no perfect!)

1. <u>Second-prong infinitives without</u> **zu**:

front field	1st prong	inner field	neg.	dep. inf.	participle

a. "Double infinitives"

front field	1st prong	inner field	neg.	dep. inf.	participle
Ich	habe	....	nicht	lesen	können. wollen. sollen. dürfen. müssen. mögen.
Ich	habe	ihn	nicht	kommen	hören. sehen.
Ich	habe	ihn		kommen	lassen.
Ich	habe	das Buch		liegen	lassen.
Ich	habe	es zu Hause			gelassen.

b. "Regular" participles

front field	1st prong	inner field	neg.	dep. inf.	participle
Ich	habe	....	nicht	fahren kochen schreiben etc.	gelernt.
Ich	bin	....	nicht	stehen sitzen liegen	geblieben.
Ich	bin	....		schwimmen tanzen essen etc.	gegangen.
Ich	bin	....		spazieren	gefahren.

2. <u>Second-prong infinitives with</u> **zu**:

front field	1st prong	inner field	neg.	**zu** + dep. inf.	participle
Ich	habe	....	nicht	zu arbeiten lesen kommen etc.	brauchen.
Sie	scheint	....	nicht	zu kommen. schlafen. arbeiten. etc.	════

3. End-field infinitives (always with **zu**):

front field 1st prong inner field neg.	participle	inner field and/or complement of infinitive infinitive

Ich   habe   ....   nicht $\left\{\begin{array}{l}\text{angefangen}\\\text{vergessen}\\\text{versprochen}\\\text{versucht}\end{array}\right\}$, für ihn   zu arbeiten.

Ich   habe $\left\{\begin{array}{l}\boxed{\text{DAT. OBJ.}}\\\text{ihm}\\\text{auch}\\\text{Ihnen}\\\text{Herrn M.}\end{array}\right\}$ $\left\{\begin{array}{l}\text{befohlen}\\\text{empfohlen}\\\text{erlaubt}\\\text{geraten}\\\text{verboten}\end{array}\right\}$, nach B.   zu fahren.

Note: In the **anfangen** type, the subject of the main clause is also the (suppressed) subject of the infinitive.

$\boxed{\text{Ich}}$ fange an. $\boxed{\text{Ich}}$ arbeite.

Ich   fange   an   zu   arbeiten.

In the **befehlen** type, the dative object of the main clause is the (suppressed) subject of the infinitive.

Ich   befehle es $\boxed{\text{ihm.}}$ $\boxed{\text{Er}}$ arbeitet.

Ich   befehle   ihm,   zu   arbeiten.

4. Other end-field infinitives:

a. With predicate adjectives:

Ich   bin   ..... $\left\{\begin{array}{l}\text{erstaunt}\\\text{glücklich}\\\text{froh}\\\text{etc.}\end{array}\right\}$ gewesen, ihn zu sehen.

b. After anticipatory **da**-compounds (prepositional objects) (see Analysis 108, p. 367):

Ich   habe . . . . .   nicht daran gedacht, ihn anzurufen.

c. Infinitives with **um . . . zu, ohne . . . zu, statt . . . zu**:

Ich   bin   . . . . .   nach Rom gefahren, $\left\{\begin{array}{l}\text{um}\\\text{ohne}\\\text{statt}\end{array}\right\}$ . . . zu arbeiten

5. **lassen** (to let, to permit, to cause):

The following summarizes schematically the uses of **lassen** with these meanings. Study and memorize the sample sentences.

a. Subject of dependent infinitive in accusative.

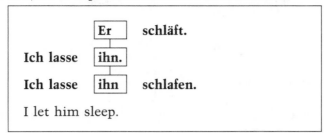

	Er	schläft.
Ich lasse	ihn.	
Ich lasse	ihn	schlafen.

I let him sleep.

b. Subject of infinitive in accusative + object of infinitive in accusative.

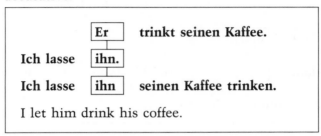

	Er	trinkt seinen Kaffee.
Ich lasse	ihn.	
Ich lasse	ihn	seinen Kaffee trinken.

I let him drink his coffee.

c. Subject of infinitive suppressed; object of infinitive in accusative.

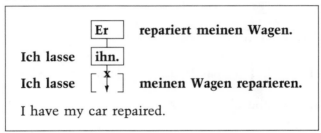

	Er	repariert meinen Wagen.
Ich lasse	ihn.	
Ich lasse	[↕]	meinen Wagen reparieren.

I have my car repaired.

d. Subject of infinitive suppressed; object in accusative preceded by personal dative.

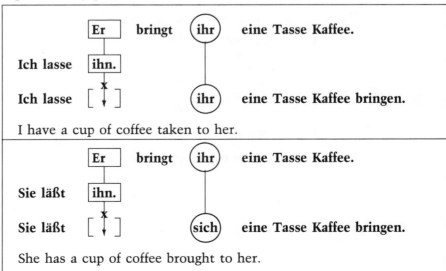

	Er	bringt (ihr)	eine Tasse Kaffee.
Ich lasse	ihn.		
Ich lasse	[↕]	(ihr)	eine Tasse Kaffee bringen.

I have a cup of coffee taken to her.

	Er	bringt (ihr)	eine Tasse Kaffee.
Sie läßt	ihn.		
Sie läßt	[↕]	(sich)	eine Tasse Kaffee bringen.

She has a cup of coffee brought to her.

e. Subject of infinite as **von**-phrase + personal dative + object in accusative.

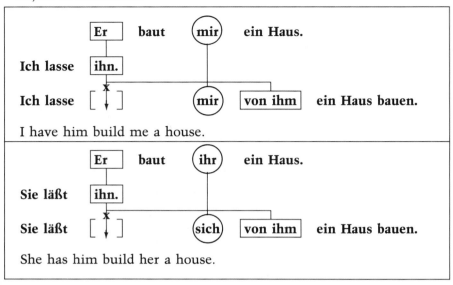

I have him build me a house.

She has him build her a house.

f. Subject as **von**-phrase + accusative object.

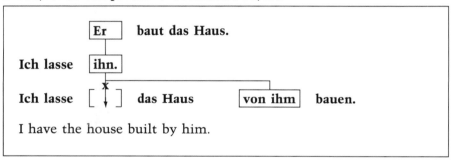

I have the house built by him.

Programmed Exercises

1. There are two types of infinitives in the second

   prong, those with and those without _____.   zu

2. The most frequent category without **zu** are the

   _____.   modals

3. Er muß heute nach Berlin fahren.

   Er hat heute nach Berlin _____.   fahren müssen

4. This construction is often referred to as a

   _____, although the modal   "double infinitive"

   form is really a _____.   participle

5. This same construction is also used with the

verbs _____ and _____, as well as | hören, sehen

with _____. | lassen

6. a. I hear him come.

Ich _____ ihn _____. | höre, kommen

Ich habe ihn _____. | kommen hören

b. I have let him go.

Ich habe ihn _____. | gehen lassen

7. Those verbs that do not use the "double infinitive"

construction use the regular _____ for the | participle
perfect tense.

8. Three such verbs (that can be used with a second-
prong infinitive) are introduced in Unit 16. They

are: _____, _____, _____. | bleiben, gehen,
lernen

9. Whenever these verbs are used in the perfect tense,

the participle is preceded by the _____ | dependent

_____. | infinitive

10. a. We are going to eat now.

Wir _____ jetzt _____. | gehen, essen

b. They have gone swimming.

Sie _____. | sind schwimmen
gegangen

c. The auxiliary in 10b must be _____, | sind
because the verb **gehen** uses **sein** as an auxiliary.

11. a. You mustn't keep standing here.

Sie dürfen hier nicht _____. | stehen bleiben

b. They have gone for a walk.

Sie sind _____. | spazierengegangen

c. He has never learned to write.

Er hat nie _____. | schreiben gelernt

d. You ought to learn how to drive.

Du solltest _____. | fahren lernen

12. Which verbs use an infinitive with **zu**? | brauchen,
scheinen

13. **Brauchen** is used mainly to negate _____ .   müssen

14. **Scheinen** is unusual, because it cannot form a

    _____ tense if used with a dependent   perfect
    infinitive. In this respect, it resembles the

    _____ use of modals.   subjective

15. a. He seemed not to have slept well.

    Er _____ nicht gut _____ .   schien; geschlafen
                                                              zu haben

    b. You don't have to stay at home.

    Du brauchst nicht _____ .   zu Hause zu
                                                              bleiben

    c. He didn't have to work for years.

    Er hat jahrelang nicht _____ .   zu arbeiten
                                                              brauchen

16. The new type of infinitive construction introduced

    in Unit 16 is the _____ infinitive.   end-field

17. There are two major types: those that follow the

    pattern of _____ and those that follow   anfangen,

    _____ .   befehlen

18. In the **anfangen** type, the subject of the main clause

    and the subject of the infinitive are _____ .   identical

19. In the **befehlen** type, the subject of the infinitive

    appears in the main clause as a _____ .   dative object

20. a. I recommended that he stay home.

    Ich habe _____ empfohlen, zu Hause zu   ihm.
    bleiben.

    b. She claimed to have seen him in Africa.

    Sie _____ , ihn in Afrika _____   behauptete;

    _____ .   gesehen zu haben

21. I was glad to see her again.

    Ich war froh, sie _____ .   wiederzusehen
    The example shows that end-field infinitives are

    also used after certain _____ .   predicate
                                                              adjectives

22. End-field infinitives are also used after anticipatory **da**-compounds.

Ich denke nicht _____, ihn anzurufen. | daran

Ich hoffe immer noch _____, sie wieder-zusehen. | darauf

23. There are two patterns that parallel the infinitive with **um . . . zu**, namely _____ and _____. | ohne . . . zu; statt . . . zu

24. **Lassen** has two basic meanings, (a) to _____ and (b) to _____; to leave somebody or something (like a place), however, is expressed by _____. | (a) leave (behind) (b) let, permit, cause / verlassen

25. a. They left Hamburg at 7 o'clock.

Sie _____ Hamburg um 7 Uhr. | verließen

b. They left the children at home.

Sie _____ die Kinder zu Hause. | ließen

c. He left the books lying on the table.

Er hat die Bücher auf dem Tisch _____. | liegenlassen

d. I am having my car washed today.

Ich _____ heute meinen Wagen waschen. | lasse

e. We are having a house built.

Wir _____ ein Haus bauen. | lassen uns

f. We are having him build us a house.

Wir lassen _____ ein Haus bauen. | uns von ihm

g. We let him go.

Wir _____ ihn _____. | lassen, gehen

h. We have let him go.

Wir haben ihn _____. | gehen lassen

i. We must let him go.

Wir müssen ihn _____. | gehen lassen

j. We have had to let him go.

Wir haben ihn _____. | gehen lassen müssen

UNIT 17

Grammar in a Nutshell

See Analysis
140–48
(pp. 507–508,
513–519)
ADJECTIVES

Before you study this section, review the treatment of adjectives in Unit 15. Then go over the table, below which is a continuation of the table in Analysis 127 (p. 448).

Remember, in all examples, the first requirement is that slot 1 is filled by a word with a strong ending.

see Analysis		slot 0 no ending	slot 1 STRONG ENDING	slot 2 weak ending	slot 3 noun
21 (pp. 48–49)		**ein**			**Mann**
		endingless **ein**-word only; slots 1 and 2 empty			
145 (pp. 514–516)		**all**	**der**		**Wein**
		endingless adj. + **der**-word: **der**-word in slot 1; slot 2 empty			
145 (pp. 514–516)	**mit**	**all**	**dem**	**guten**	**Wein**
		endingless adj. + **der**-word + adjective: weak adjective in slot 2			
127 (pp. 445–449)			**guter**		**Wein**
		attributive adj. only: in slot 1 with strong ending			
129 (p. 455)			**jeder**		**Mensch**
		der-word only: always slot 1			
127 (pp. 445–449)			**jedem**	**jungen**	**Menschen**
		der-word + adj.: **der**-word (strong) in slot 1, adj. (weak) in slot 2			
145 (pp. 514–516)			**alle meine**		**Brüder**
		two **der**-words: both in slot 1			
127 (pp. 445–449)		**ein**	**der** **netter junger**	**nette junge**	**Mann**
		two or more adjectives: same slot (either 2 or 1)			
146 (pp. 516–517)		**ein**	**der** **armer Reicher**	**arme Reiche**	(poor rich man)
		adjectives used as nouns: treated like adjectives			
141 (p. 508)		**ein**	**die** **zerstörtes**	**zerstörte**	**Stadt** **Städtchen**
		participles used as attributive adjectives			
142 (p. 508)		**ein**	**das** **lachendes**	**lachende**	**Kind**
		-d adjectives (present participles) used as attributive adj.			

see Analysis		slot 0 no ending	slot 1 STRONG ENDING	slot 2 weak ending	slot 3 noun
127 (pp. 445–449)			diese diesen	junge jungen	Frau Mann
	-e and -en can appear in slot 1 (strong) or slot 2 (weak)				
143 (p. 513)			der ⊂ selbe dem ⊂ selben		Mann Mann
	derselbe: declined as der + selbe, but written as *one word* (But: im selben)				
144 (p. 514)	mit	(was für)	einem	alten	Wagen
	dative after mit; was für has no influence on case of adj. phrase				
148 (pp. 518–519)		(ein paar)	junge die (paar)	jungen	Leute
	after definite article, ein paar becomes paar				

Programmed Exercises

1. Which of the following are stems of **der**-words?
viel-, manch-, ander-, dies-, jed-, einig-.

    manch-, dies-, jed-

2. Which two **der**-words are often used without an ending?

    all-, solch-

3. Instead of **all mein Geld**, you can also say **mein**

    _____ **Geld**.

    ganzes

4. all my books = _____ meine Bücher

    alle

            or: _____ meine Bücher

    all

5. I've waited <u>all day</u>.

    = _____ Tag.

    den ganzen

6. nicht schlecht = _____ gut.

    ganz

7. Adjectives can be used as nouns. Thus:

    der arme Mann = der _____

    Arme

    ein armer Mann = ein _____

    Armer

8. Es gibt gar nichts Neues.

    The adjective **neues** becomes a _____

    neuter

    noun after **nichts**; also after _____ and

    etwas,

    _____.

    viel

9. The only noun indicating nationality that is

    declined like an adjective is _____.

    der (die) Deutsche

10. I went to Rome with a German (woman).

    Ich fuhr mit _____ nach Rom.

    einer Deutschen

11. Vor der <u>geschlossenen</u> Tür stand ein <u>Verwandter</u>
von ihr.

    This sentence shows that _____ can also   participles
be used as attributive adjectives and as nouns.

12. If a participle is used as a noun, it is declined

    like an _____.   adjective

13. English *the same* is expressed by either _____   derselbe (one word!)

    or _____.   der gleiche

14. English *what kind of* is expressed by

    _____.   was für

15. If **viel** and **wenig** are used without an ending, the

    adjective following must take a _____   strong
ending.

16. lots of German money = viel _____ Geld   deutsches

Now check your control of German adjectives by inserting the correct forms of the words in parentheses
into the blanks.

1. Es waren einige _____ Leute da. (jung)   junge

2. Es muß jemand _____ dort gewesen sein.
(ander-)   anders

3. Was machst du mit deinem _____ Geld?
(viel)   vielen

4. Was ist das für ein _____ Wagen? (neu)   neuer

5. Du hast etwas _____ vergessen. (wichtig)   <u>W</u>ichtiges

6. Alle _____ Karten sind schon verkauft.
(gut)   guten

7. Er hat am _____ Nachmittag auf mich
gewartet. (nächst)   nächsten

8. _____ Obst ist teuer. (italienisch)   Italienisches

9. Ich wollte, ich hätte einen _____ Wagen.
(neu)   neuen

10. Bei diesem _____ Wetter bleibe ich hier.
(schlecht)   schlechten

11. Er ist so ein _____ Mensch. (nett)   netter

12. Welcher _____ Mann war es denn? (jung)   junge

13. Wir saßen in einem _____ Zimmer.
(dunkel)   dunklen

14. Barbara ist kein _____ Kind mehr. (klein) | kleines

15. Sie ist die Tochter eines _____ Architekten. | bekannten
(bekannt)

UNIT 18

Grammar in a Nutshell

**See Analysis
151–54; 156–57
(pp. 535–540;
549–550)**

THE PASSIVE

Forms:

<u>Forms:</u>

Actional: WERDEN + *participle*
Das Problem wird gelöst.
The problem is (being) solved.

Statal: SEIN   + *participle*
Das Problem ist gelöst.
The problem is (already) solved.

Actional passive, reflexives, and statal forms:

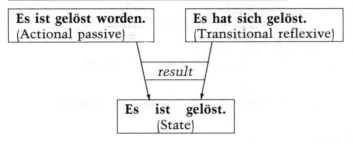

Note: Statal forms can be the result of either an actional passive or a transitional reflexive. (There are, however, not many verbs that occur in the complete pattern.)

Active or passive?

Provided that a verb can form a passive, the choice of active vs. passive depends on the *topic* about which a *comment* is to be made. The topic can be either the "agent" or the "patient."

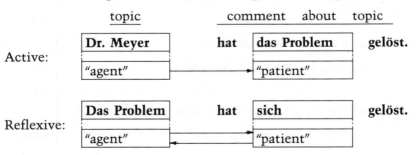

Passive:

| Das Problem | ist | von Dr. Meyer | gelöst worden. |
| "patient" | ← | "agent" | |

Dative objects:

Once a dative object, *always* a dative object.
Verbs with only a dative object form passive sentences without a subject.

| Dr. Meyer | half | mir | sofort. |
| Mir | wurde | (von Dr. Meyer) | sofort geholfen. |

Other subject-less sentences:

Sentences that express "activity as such."

Hier wird getanzt.
Bei uns wird gearbeitet.

von, durch, mit:

The subject of the active sentence appears as a prepositional phrase in the passive sentence (if it is mentioned at all).

von: personal agent
           Der Dieb wurde von dem Polizisten gesucht.

durch: impersonal means or causes
           Der Dieb wurde durch das Radio gesucht.

mit: personal means
           Der Dieb wurde mit Polizeihunden gesucht.

Programmed Exercises

1. Wann soll der Film denn gezeigt _____?   werden

2. Er _____ doch schon gezeigt worden.   ist

3. Bei uns soll er auch schon gezeigt _____

   _____.   worden sein

4. Wir konnten das Haus nicht mehr kaufen, denn

   es _____ schon verkauft.   war

5. Wir konnten ihm nicht helfen.

   _____ war nicht zu helfen.   Ihm

6. Hier _____ jeden Samstag abend getanzt.   wird

7. Du bist bei Schmidts eingeladen? Ich wollte, ich

   _____ auch eingeladen.   wäre

8. Es _____ gebeten, nicht zu rauchen.   wird

9. Es wurde _____ gesagt, ich sollte um 10 | mir
   Uhr hier sein.

10. Im Theater _____ das Rauchen verboten. | ist

Grammar in a Nutshell

See Analysis
155
(pp. 546–548)

THE IMPERSONAL *ES*

1. **Es** as a filler.

   To fill the front field if there is only one element in addition to first and second prong.

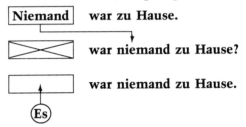

   Niemand   **war zu Hause.**

   war niemand zu Hause?

   war niemand zu Hause.

   (Es)

   Note: Theoretically, **es** can be used in this function in any assertion, even if there are a number of inner field elements; and it is occasionally so used.

2. **Es** as a subject of impersonal verbs.

   > **Es regnet.**
   > **Es geht mir gut.**
   > **Es ist zehn Uhr.**
   > **Es gibt hier kein Hotel.**
   > etc.

   This **es** does *not* disappear if it is moved out of the front field.

   Mir geht   **ES**   **gut.**

   Hier gibt   **ES**   **kein Hotel.**

3. The anticipatory **es**.

   Das   **ist ganz unwahrscheinlich.**

   Was?

   Daß Ingelheim noch lebt,   **ist ganz unwahrscheinlich.**

   Es   **ist ganz unwahrscheinlich,**

   daß Ingelheim noch lebt.

Programmed Exercises

In the following examples, determine whether or not
the blanks should be filled by **es**.

1. Es gab jeden Abend Roastbeef.

   Jeden Abend gab _____ Roastbeef.   es

2. Es ist möglich, daß er noch hier ist.

   Möglich ist _____ natürlich, daß er noch   es
   hier ist.

   Daß er noch hier ist, ist _____ möglich.   x

3. Ich hoffe, daß _____ morgen nicht regnet.   es

4. Es sind sehr viele Leute hier heute abend.

   Heute abend sind _____ sehr viele Leute
   hier.   x

5. So spät ist _____ doch noch gar nicht.   es

6. Mir geht _____ heute gar nicht gut.   es

7. Jetzt werden _____ wieder Häuser gebaut.   x

8. Leider ist _____ verboten, hier zu rauchen.   es

   Das Rauchen ist _____ leider verboten.   x

Grammar in a Nutshell

PRE-NOUN INSERTS

See Analysis
158
(pp. 550–552)

Pre-noun inserts are often recognizable, because a **der**-word is
followed by a word that cannot normally follow a **der**-word;
for example:

> **Alle** could only be followed by **die** or an adjective or a noun;
> therefore, the following construction points to a pre-noun
> insert.

> **Alle an** . . .
> **Alle an dem** . . .
> **Alle an dem von** . . .

You must go on until you find either a noun that fits or an
adjective (or declined participle) plus noun that could follow
alle.

> <u>**Alle** an dem von Professor B. vorgeschlagenen Projekt
> interessierten Studenten</u> wurden gebeten, . . .

> All students
> interested in the project
> proposed by Professor B.
> were requested to . . .

Programmed Exercises

Reading. In the following text, from "**Der Wolf und die sieben Geißlein**," words have been left out at random, but with increasing frequency. As you read the text, make a list of the missing words; then compare with the original text on pp. 556–557.

Es war einmal ___(1)___ alte Geiß, die hatte sieben ___(2)___, und hatte sie lieb, wie eine Mutter ihre Kinder ___(3)___ hat. Eines Tages wollte sie in den Wald gehen ___(4)___ etwas zu essen holen. Da rief sie alle sieben ___(5)___ Haus und sprach: „Liebe Kinder, ich will in den ___(6)___. Wenn der Wolf kommt, dürft ihr ihn nicht ins ___(7)___ lassen. Wenn er hereinkommt, so frißt er euch alle. ___(8)___ Bösewicht verstellt sich oft, aber an seiner Stimme und ___(9)___ seinen schwarzen Füßen werdet ihr ihn gleich erkennen." Die Geißlein ___(10)___: „Liebe Mutter, du brauchst keine Angst zu haben." Da ___(11)___ die Alte und ging in den Wald.

Es dauerte nicht lange, so klopfte jemand an ___(12)___ Haustür und rief: „Macht auf, ihr lieben Kinder, ___(13)___ Mutter ist da und hat jedem von ___(14)___ etwas mitgebracht." Aber die Geißlein hörten an ___(15)___ Stimme, daß es der Wolf war. „Wir ___(16)___ nicht auf", riefen sie, „du bist ___(17)___ unsere Mutter, die hat eine feine ___(18)___ liebliche Stimme, aber deine Stimme ___(19)___ rauh; du bist der Wolf." Da ___(20)___ der Wolf fort und kaufte ___(21)___ Stück Kreide; die aß er ___(22)___ machte damit seine Stimme ___(23)___. Dann kam er zurück, klopfte ___(24)___ die Haustür und rief: „___(25)___ auf, ihr lieben Kinder, ___(26)___ Mutter ist da ___(27)___ hat jedem von ___(28)___ etwas mitgebracht." Aber ___(29)___ Wolf hatte seinen ___(30)___ Fuß in das ___(31)___ gelegt; das sahen ___(32)___ Kinder und riefen: „___(33)___ machen nicht ___(34)___, unsere Mutter ___(35)___ keinen schwarzen ___(36)___, wie du; du ___(37)___ der Wolf."

Additional Reading

Unit 5 or later

This reading selection should be read either in conjunction with "Noch einmal Mitteleuropa" in Unit 5 or with a subsequent unit.

Der Bodensee

Das Gebiet um den Bodensee, den größten See Mitteleuropas, ist ein gutes Beispiel für eine regionale, aber trans-nationale Subkultur. Ob Schweizer, Österreicher, Bayern oder Württemberger, die Menschen am Bodensee sprechen alle den gleichen Dialekt, Alemannisch, und haben eine ähnliche Mentalität. Die Architektur des Bodenseegebiets ist einheitlich; die Landschaft ist die gleiche, dominiert vom See; landwirtschaftliche Methoden, soziale Struktur, religiöse Gebräuche zeigen kaum Unterschiede.

Lake Constance

The area around Lake Constance, the largest lake of Central Europe, is a good example for a regional, but trans-national subculture. Whether Swiss, Austrians, Bavarians, or Württemberger, the people around Lake Constance all speak the same dialect, Alemannic, and have a similar mentality. The architecture of the Lake Constance area is unified; the landscape is the same, dominated by the Lake; agricultural methods, social structure, religious customs hardly show any differences.

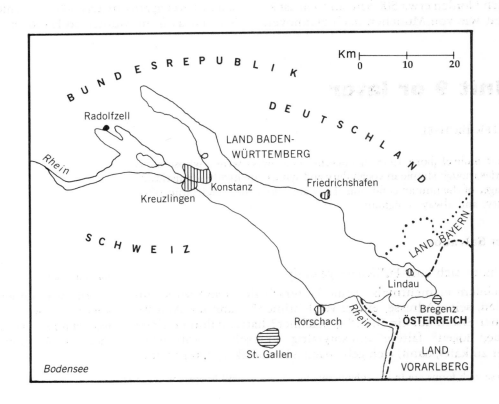

Bodensee

Von Rorschach in der Schweiz kann man in einer Viertelstunde bis zur Grenze von Österreich fahren. Fünfzehn Minuten später fährt man durch die Stadt Bregenz, die Hauptstadt von Vorarlberg, und schon ist man an der deutschen Grenze. Dort steht neben dem Schild „Bundesrepublik Deutschland" ein zweites Schild mit „Freistaat Bayern". Aber schon nach zehn Minuten heißt es „Land Baden-Württemberg", und man ist fast in Friedrichshafen. Kaum 60 Kilometer von Rorschach nach Friedrichshafen, und doch drei Staaten, zwei Grenzübergänge. Aber wenn die Grenzpolizei und die Paßkontrolle nicht wären,[1] wüßte man nicht, daß man von einem Land ins andere fährt, so ähnlich ist die Landschaft, so ähnlich die Architektur, so ähnlich die Menschen.

Für europäische Begriffe ist der Bodensee groß, aber im Vergleich zu den großen amerikanischen Seen ist er kaum bemerkenswert. Der Bodensee ist von Radolfzell im Westen bis Bregenz im Osten etwa 65 km lang; der Lake Michigan ist von Süden nach Norden etwa 500 km lang, das ist so weit wie von München nach Hannover.

From Rorschach in Switzerland you can drive to the border of Austria in a quarter of an hour. Fifteen minutes later, you drive through the city of Bregenz, the capital of Vorarlberg, and already you are at the German border. There, next to the sign "Federal Republic of Germany," is another sign, "Free State of Bavaria." But only ten minutes later, it says "State of Baden-Württemberg," and you are almost in Friedrichshafen. Hardly sixty kilometers from Rorschach to Friedrichshafen, and yet three countries, two border crossings. But if it were not for the border police and the passport control, you wouldn't know that you were driving from one country into the next, so similar is the landscape, so similar the architecture, so similar the people.

In European terms, Lake Constance is large, but in comparison to the great American lakes it is hardly remarkable. From Radolfzell in the west to Bregenz in the east, Lake Constance is about 65 km. long; Lake Michigan, from south to north, extends over approximately 500 km., which is as far as from Munich to Hanover.

Unit 9 or later

PETER BICHSEL

Peter Bichsel (born 1935 in Lucerne) is a Swiss writer whose short stories, though simple in vocabulary and syntax, are highly sophisticated images of the human condition. They are sometimes tragicomic, often witty, and always poignant.

San Salvador

Er hatte sich eine Füllfeder° gekauft.   fountain pen

Nachdem er mehrmals° seine Unterschrift°, dann seine Initialen, seine Adresse, einige Wellenlinien°, dann die Adresse seiner Eltern auf ein Blatt° gezeichnet° hatte, nahm er einen neuen Bogen°, faltete° ihn sorgfältig° und schrieb: «Mir ist es hier zu kalt», dann, «ich gehe nach Südamerika»; dann hielt er

several times   signature
some wavy lines
piece of paper   drawn
sheet   folded   carefully

[1]These verb forms are in the subjunctive mood, which will be introduced in Unit 9.

inne°, schraubte° die Kappe auf die Feder, betrachtete° den   he stopped screwed
Bogen und sah, wie die Tinte° eintrocknete° und dunkel wurde   looked at
[in der Papeterie° garantierte man, daß sie schwarz werde], dann   ink dried
nahm er seine Feder erneut° zur Hand und setzte noch seinen 10   stationery shop
Namen Paul darunter.   again

Dann saß er da.

Später räumte° er die Zeitungen vom Tisch, überflog° dabei   cleared scanned
die Kinoinserate°, dachte an irgend etwas°, schob den Aschen-   movie ads something
becher° beiseite°, zerriß° den Zettel° mit den Wellenlinien, 15   ash tray **schob...**
entleerte° seine Feder und füllte° sie wieder. Für die Kinovor-   **beiseite** pushed aside
stellung° war es jetzt zu spät.   tore up piece of paper
  emptied filled
Die Probe° des Kirchenchores° dauert bis neun Uhr, um halb   **Vorstellung** showing
zehn würde Hildegard zurück sein. Er wartete auf Hildegard.   rehearsal of the church
Zu all dem Musik aus dem Radio. Jetzt drehte er das Radio ab°. 20   choir
  turned off

Auf dem Tisch, mitten auf dem Tisch, lag nun der gefaltete
Bogen, darauf stand in blauschwarzer Schrift° sein Name Paul.   writing

«Mir ist es hier zu kalt», stand auch darauf.

Nun würde also Hildegard heimkommen, um halb zehn. Es war
jetzt neun Uhr. Sie läse seine Mitteilung°, erschräke° dabei, 25   message would be
glaubte wohl das mit Südamerika nicht, würde dennoch° die   frightened
Hemden im Kasten° zählen°, etwas müßte ja geschehen sein.   nevertheless
  shirts in the dresser
Sie würde in den «Löwen» telefonieren.   count

Der «Löwen» ist mittwochs geschlossen°.   closed

Sie würde lächeln° und verzweifeln° und sich damit abfinden°, 30   smile despair
vielleicht.   be resigned to it

Sie würde sich mehrmals die Haare° aus dem Gesicht° strei-   hair face
chen°, mit dem Ringfinger der linken Hand beidseitig der   brush
Schläfe entlang° fahren, dann langsam den Mantel aufknöpfen°.   along her temple
  unbutton
Dann saß er da, überlegte°, wem er einen Brief schreiben könnte, 35   wondered
las die Gebrauchsanweisung° für den Füller noch einmal —   directions
leicht nach rechts drehen° — las auch den französischen Text,   turn gently to the right
verglich° den englischen mit dem deutschen, sah wieder seinen   compared
Zettel, dachte an Palmen, dachte an Hildegard.

Saß da. 40

Und um halb zehn kam Hildegard und fragte: «Schlafen die
Kinder?»

Sie strich sich die Haare aus dem Gesicht.

Unit 10 and later

Burgbach, zum Beispiel (Fortsetzung°)   continuation

As you read this text, note the frequent use of "two-way" prepositions,
that is, prepositions with either the dative or accusative. Also note the
use of genitives and of genitive substitutes with **von**.

Otto Schmid, etwa 50 Jahre alt und gebürtiger° Burgbacher, ist
Lehrer. Er unterrichtet° seit vielen Jahren an der Grundschule°
in Burgbach und hat die Veränderungen° im Ort an immer
neuen Generationen von Schülern° erlebt°. Im Grundschulun-
terricht, vor allem° in Deutsch, Geographie und Heimatkunde°,
sieht er den Grund dafür, daß° trotz der Urbanisierung die Tradition immer noch eine große Rolle spielt. „Sehen Sie", sagt er,
auf Hochdeutsch, aber mit starkem schwäbischem Akzent, „die
Kinder kommen mit sechs Jahren zu uns, — Kinder von Wein-
gärtnern°, von Industriearbeitern, von Beamten°, auch Kinder
von Ausländern, und dann lernen sie in den unteren Klassen
zuerst einmal sehr viel über unsere Gegend° hier, über den Ort,
über die Landwirtschaft°, über den Weinbau° und so weiter."

Herr Schmidt geht mit den Kindern durchs Dorf; er zeigt ihnen
die Kirche, das alte und das neue Rathaus°, er erklärt° ihnen,
wie man ein Fachwerkhaus° baut, und warum heute nur noch
ganz wenige Bauern Kühe und Schweine im Stall° haben. Vor
allem aber erzählt er ihnen aus der Geschichte° von Burgbach,
und bei Schulausflügen° führt er die Kinder dorthin, wo man
die Spuren° dieser Geschichte heute noch sehen kann.

Im Nachbardorf° zum Beispiel hat man vor ein paar Jahren das
Fundament einer römischen° Villa entdeckt°, und Herr Schmid
hat diese Entdeckung benutzt, um den Kindern zu beweisen°,
daß tatsächlich° einmal Römer hier gewohnt haben. Wenn er
mit einer Klasse nach Lorch fährt, —etwa 15 km von Burgbach
entfernt—, um das mittelalterliche Kloster° mit seiner romani-

Glosses:
native
teaches   primary school
changes
pupils   experienced
5 above all
study of the local area
the reason for the fact
   that

10 vintners   civil servants

   area
   agriculture   wine
    growing

15 town hall   explains
half-timbered house
barn
history
school excursions
20 traces

neighboring village
Roman   discovered
to prove
in fact, indeed
25

medieval monastery

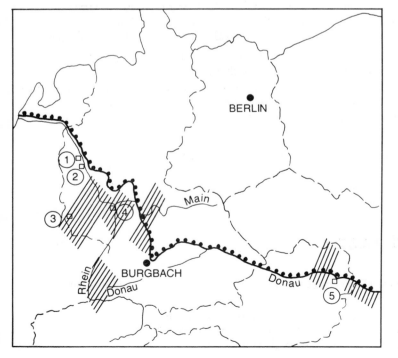

DIE RÖMER IN
MITTELEUROPA
1 Colonia Agrippina =
   Köln
2 Bonna = Bonn
3 Augusta Treverorum
   = Trier
4 Mogontiacum =
   Mainz
5 Vindobona = Wien
''' Weinbaugebiete
▪▪▪▪Limes

schen° Kirche zu betrachten°, dann zeigt er den Kindern auch, — Romanesque / to look at
daß man dort noch sehr gut den römischen Limes sehen kann,
die 548 km lange römische Grenzbefestigung°, die von der — border fortification
Donau bis zum Rhein führte. Die gotische° Stadtkirche von — 30 Gothic
Lorch steht an der Stelle° eines römischen Limeskastells. — on the place of

Bis vor etwa 2000 Jahren hatten Kelten° in der Gegend gesiedelt°. — Celts / settled
Dann kamen, um Christi Geburt° die Römer, die am Ende der — birth
römischen Expansionsperiode den Limes bauten, zur Verteidi-
gung° gegen die Barbaren aus dem Norden, die Germanen°. Mit — 35 defense / Germanic people
der römischen Kultur kam auch der Wein ins Land, und die
Nordgrenze° des römischen Reiches° ist heute noch die Nord- — northern border / empire
grenze des Weinbaus in Mitteleuropa, vom Burgenland und der
Wachau in Österreich bis nach Schwaben, nach Franken, zum
Rhein und zur Mosel. Nach den Römern kamen, im zweiten — 40
und dritten Jahrhundert° n. Chr.°, die germanischen Aleman- — century / A.D.
nen°, und ein Alemanne namens° Butilo gründete°, der Sage — the Germanic Alemannians / by the name of / founded
nach°, eine Siedlung dort, wo heute der Marktplatz von Burg- — according to local legend[1]
bach ist. Dann kamen christliche Missionare, vor allem aus Ir-
land, und es heißt°, daß schon um 700 ein Missionar die erste — 45 it is said
Kirche gebaut hat. Den Namen „Burgbach" erwähnt° zum ersten — mentions
Mal eine Urkunde° aus dem Jahr 1092, als eine Tochter der — document
Herren° von Burgbach den Grafen von Wirtenberg (heute Würt- — lords
temberg) heiratete.

Auch die „Burg" hat man wiedergefunden, und Herr Schmid — 50
steigt° jedes Jahr mit seinen Schülern auf den Berg, wo man die — climbs
alte Ruine ausgegraben° hat. Um den Weinbau zu rationalisieren, — dug out
hat man in den sechziger Jahren° die vielen alten kleinen Wein- — in the sixties
gärten mit ihren horizontalen Terrassen in neue große vertikale
Weingberge umgewandelt°. Dabei° mußte man ganze Berghänge — 55 transformed / in the process
neu profilieren, und so fand man dann die Burg. Von hier oben
kann man fast bis nach Stuttgart sehen, und Herr Schmid kann
den Kindern zeigen, wie die revoltierenden Bauern am Anfang
des 16. Jahrhunderts von Ort zu Ort zogen° und wie die Armee — roamed
des Herzogs° von Württemberg sie dann schließlich° besiegte°. — 60 duke / finally / defeated
300 Jahre später, zur Zeit Napoleons, kamen dann die Franzosen
durch das Tal°, auf dem Weg nach Rußland; und wieder 150 — valley
Jahre später kamen am Ende des Zweiten Weltkriegs° die — world war
Amerikaner.

„Wenn die Geschichte eines Dorfes auf beinahe° 1000 Jahre — 65 almost
dokumentierbar° ist", meint Herr Schmid, „dann soll man diese — documentable
Tradition nicht aussterben lassen." Sicher hat er recht, denn die
Sozialstruktur und die Identität des alten Burgbach waren durch
die Geschichte geprägt°, und die gemeinsame Vergangenheit° — formed / common past
führte zu einem Gefühl° des Zusammengehörens. Wer Schwä- — 70 feeling
bisch sprach und dazu noch einen Namen mit -le hatte, gehörte
schon fast automatisch zu den Einheimischen°. Die neuen Burg- — natives
bacher aus dem Osten und aus dem Norden Deutschlands hat-

---

[1] If the preposition **nach** follows a noun, it corresponds to English *according to*.

ten es oft schwer, diesen Stolz° auf die lokale Vergangenheit°   pride past
zu verstehen, aber ihre Kinder lernten dann eben° doch Schwä-   75 anyway
bisch, —und hatten Herrn Schmid als Lehrer.

Dennoch° hat das Dorf seine neue Rolle überraschend° gut ak-   yet surprisingly
zeptiert; nach der Katastrophe von 1945 mußte man positiv
denken, um zu überleben°, und seitdem ist die Entwicklung°   survive development
so schnell gegangen, daß ein Dorf wie Burgbach, selbst wenn°   80 even if
es wollte, einfach nicht dagegen ankommen könnte. Vor dem
Krieg zum Beispiel war es fast undenkbar, daß ein Burgbacher
eine Katholikin geheiratet hätte. In den Dörfern gab es starke°   strong
religiöse Vorurteile°; Württemberg war protestantisch, und man   prejudices
mußte schon 40 km talaufwärts° gehen, bevor man eine katholi-   85 up the valley
sche Gemeinde° fand: Schwäbisch-Gmünd, das trotz der Refor-   community, parish
mation katholisch geblieben war, denn es war eine Freie Reichs-
stadt° und gehörte nicht zu Württemberg. Nach dem Krieg, als   free imperial city
die ersten katholischen Flüchtlinge ins Dorf gekommen waren,
half die protestantische Gemeinde den Katholiken beim Bau°   90 with the construction
ihrer eigenen° Kirche, und heute ist jede fünfte Ehe° in Burg-   own marriage
bach eine Ehe zwischen Protestanten und Katholiken. Wenn
Lehrer Schmid seinen Schülern die alte Kirche erklärt, dann
beschreibt° er sie nicht als religiöses, sondern° als historisches   describes but
Objekt: 1522 vollendet°, über den Resten einer noch viel älteren 95 completed
Kirche, diente° sie als Zentrum einer lebhaften° Marktgemeinde,   served lively
die zweimal im Jahr zum „Jahrmarkt" Bauern und Händler° aus   tradesmen
der ganzen Gegend nach Burgbach brachte. Noch heute hält man
einmal in der Woche offenen° Markt. Metzger, Bäcker, Gemüse-   open
und Blumenhändler und manche andere stellen° dann auf dem   100
Marktplatz vor der Kirche ihre Waren aus°.   exhibit

So existiert in Burgbach das Neue relativ harmonisch neben dem
Alten. Kirche, Marktplatz, Friedhof°; die alten Gasthöfe° sind   cemetery inns
immer noch das Zentrum inmitten des alten Dorfes mit seinen
Fachwerkhäusern und engen, krummen° Straßen. Den Bach°,   105 crooked brook
der mitten durch das Dorf fließt°, hat man mit Beton° über-   flows concrete
deckt°, um Parkmöglichkeiten° für die vielen Autos zu schaf-   covered parking spaces
fen°. Um den Kern° liegt in konzentrischen Kreisen° das neue   create core circles
Burgbach: Reihenhäuser° und Einfamilienhäuser, die in den   row houses
ersten 25 Jahren nach dem Krieg entstanden°, und am Ortsrand° 110 (condominiums)
die neue Industrie, ein kleines Einkaufszentrum°, und ein halbes   were built edge of town
Dutzend° acht- bis zwölfstöckige Apartmenthäuser. Mit der   shopping center dozen

Siegle Anna Bei...		Siegle Helmut ...irschgas...	
Siegle Berta (Rem) Burgstallweg 11		...nhäldle 27	
Siegle Dora (Wei) Am Sonnenhang 13	6 38 1.	Siegle Helmut (Rem) Gaisgasse 1	7 1..
Siegle Eduard Metzgerei (Rem) Untere		Siegle Hermann (Wei) Weinsteige 23	6 58 96
Hauptstr. 13	77 89	**Siegle Hermann**	
Siegle Elise (Rem) Amselweg 23	76 83	**Zentralheizungen**	
Siegle Emilie (Rem) Ziegelweg 2	7 94 76	**Ölfeuerungsanlagen**	
Siegle Erich Korb Wiesenstr. 2	6 83 73	Remshalden-Geradstetten	
Siegle Eugen (Wei) Annastr. 16	6 36 43	Wilhelm-Enßle-Str. 51	9 77 41
Siegle Friedrich (Rem) Winnender Str. 18		Siegle K. Jürgen Versich.-Kfm. (Wei)	
	7 21 87	Aichwaldstr. 18	6 55 29
Siegle Friedrich Richard-Wagner-Str. 25	5 96 55	Siegle Karl Salierstr. 33	2 19 92

Viele heißen Siegle.

Eisenbahn und vor allem auf der neuen Autobahn ist man in
weniger als einer halben Stunde in Stuttgart.

Zwischen Burgbach und den Nachbargemeinden ist immer noch 115
überraschend viel offenes Land: Felder, Wiesen°, Obstgärten°,   meadows orchards
Weinberge und ausgedehnte Wälder°. Die Hochhäuser sind zwar   extensive forests
oft häßlich°, aber sie erhalten° wertvolles° Ackerland.   ugly preserve valuable

Am ersten Januar 1975 verlor Burgbach seine Selbständigkeit°   independence
und bildet° jetzt mit vier anderen Dörfern zusammen eine neue 120 forms
„Stadt". Damit° scheint der Prozeß der Urbanisierung abge-   with that
schlossen° zu sein. Burgbach wird wohl seinen eigenen Charak-   completed
ter verlieren, und was aus den offenen Grünflächen° zwischen   green areas
den „Ortsteilen" werden wird, kann erst die Zukunft° zeigen.   future
Für Otto Schmid wird es auf jeden Fall° schwer werden, seine 125 in any case
jungen Schüler im Sinne° der Burgbacher Tradition zu erziehen°.   spirit educate

UNIVERSITÄTEN
UND HOCHSCHULEN
IN DER BRD
UND DDR

Unit 12 or later

"Schulen in Deutschland" (Fortsetzung)

Schul- und Universitätsreform, Ost und West

In der DDR sprach man schon 1945 von einer „demokratischen
Schulreform", gegen die bürgerliche° Tradition, und im Sinne°   bourgeois spirit

des Marxismus-Leninismus. Man schuf° eine neue Grundschule   created
mit acht Klassen, und darüber die Mittel- und Oberschule. 1955
erhielt° die zehnklassige Mittelschule eine neue Rolle; sie wurde 5 received
zur Grundlage° für die Polytechnische Einheitsschule°, die seit   became the basis
1965, mit dem „Gesetz über das einheitliche sozialistische Bil-   comprehensive school
dungssystem"°, der Mittelpunkt° des Schulsystems der DDR   "Law for the Unified
ist. „Alle Schüler, Lehrlinge und Studenten", heißt es in diesem   Socialist Education
Gesetz, „sind zur Liebe zur DDR und zum Stolz auf die Errungen- 10   System   center, core
schaften des Sozialismus zu erziehen, um bereit zu sein, alle
Kräfte der Gesellschaft zur Verfügung zu stellen, den sozialistischen Staat zu stärken und zu verteidigen."[1]

Der polytechnische Unterricht° in der DDR verbindet° Schule   instruction joins
und praktische Arbeit, er verbindet Allgemeinbildung° und   15 general education
Berufsbildung° und schafft° die wissenschaftliche Grundlage°   vocational education
für die Produktion. Daher betont° die polytechnische Schule   creates scientific
besonders intensiv die gesellschaftswissenschaftlichen Fächer°,   basis emphasizes
Mathematik und die Naturwissenschaften°. Erste Fremdsprache   social science disciplines
ist Russisch. Von der siebten Klasse an findet ein Teil° des poly- 20 natural sciences
technischen Unterrichts in Betrieben der Industrie° und in Land-   part
wirtschaftlichen Produktionsgenossenschaften° (LPG's) statt°.   industrial plants
Eine erweiterte° Oberschule mit Abitur oder eine dreijährige   agricultural production
Berufsausbildung° mit Abitur führen zur Universität.   cooperatives
                                                                     findet ... statt takes
                                                                        place
Es gibt heute in der DDR 54 Universitäten[2] und andere Hoch- 25 expanded, extended
schulen. Die Mehrzahl° der Studenten sind Kinder von Ar-   vocational training
beitern und Bauern, aber die Zahl der Abiturienten, die studieren   majority
dürfen, ist begrenzt°. Das heißt, es gibt einen „Numerus clausus"°,
der zwar nicht offiziell ist, den aber der Staat plant, um die Be-   limited
rufsausbildung zu lenken°.   30 limited admission
                                                                     to guide, control

Das Studium an den Universitäten der DDR beginnt mit einem
Grundstudium° von zwei Jahren, in dem wissenschaftliche For-   basic curriculum
schungsmethoden° und marxistisch-leninistische Weltanschau-   research methods
ung° gelehrt werden° und in dem alle Studenten weiter Russisch   world view, philosophy,
lernen. Danach folgen zwei Jahre Fachstudium° und, für zukünf- 35   ideology are taught
tige Wissenschaftler°, noch ein Jahr Forschungsstudium°.   specialized study, major
                                                                     future scholars
                                                                     research studies
Die Reformen in der DDR führten radikale Veränderungen° und   changes
einen totalen Bruch° mit der Vergangenheit° herbei°. Die Schul-   break past führten
und Universitätsreform in der Bundesrepublik ist dagegen° das   ... herbei led to
Resultat der Spannungen° zwischen der traditionsgebundenen 40 on the other hand
alten Ordnung° und den Bedürfnissen° einer modernen Wohl-   tensions
standsgesellschaft°. Weder das elitäre Gymnasium noch° die   order needs
elitäre Universität, die in ihrer modernen Form von Wilhelm   affluent society weder
von Humboldt am Anfang des neunzehnten Jahrhunderts   ... noch neither ...
gegründet wurde°, waren adäquat für die Industriegesellschaft 45 nor
des zwanzigsten Jahrhunderts.   was founded

[1]"All pupils, apprentices, and university students are to be educated to love the
GDR and to be proud of the achievements of socialism, in order to be ready
to place all their strength at the disposal of society, to strengthen and to defend
the socialist state."

[2]But of these, only six are full-fledged universities in the traditional sense:
Berlin, Greifswald, Halle, Jena, Leipzig, and Rostock.

Nach dem Ende des nationalsozialistischen Regimes sah es jahrelang so aus, als ob die Universität und auch das Gymnasium in der alten Form weiterleben sollten.

Aber dann kam der Baby-Boom der fünfziger Jahre°, kam das °fifties
westdeutsche „Wirtschaftswunder"°, kam die zunehmende° °"economic miracle"
Technologisierung der Bundesrepublik, und mit wachsendem °increasing
Wohlstand° schickten immer mehr Eltern ihre Kinder aufs °growing affluence
Gymnasium. Das Prestige des Akademikers lockte° immer °lured
mehr Abiturienten in die Universität, und bald waren Klassen- 55
zimmer und Hörsäle° überfüllt. Während 1950 nur 100.000 °auditorium
junge Leute studierten, waren es 1975 etwa 800.000, und heute
sind es weit über eine Million. Die Gründung° von über 20 °founding
neuen Universitäten und Fachhochschulen in den sechziger
Jahren konnte die Situation zwar verbessen°, aber im Grunde° 60 °improve °basically
nicht verändern°. °change

Dann kam die weltweite Studentenbewegung°. 1966 fand der °student movement
erste Studentenstreik in Deutschland statt°, an der Freien Uni- **fand ... statt** took
versität in Berlin, und mit der Studentenbewegung kam auch place
die Universitätsreform in Bewegung. 65

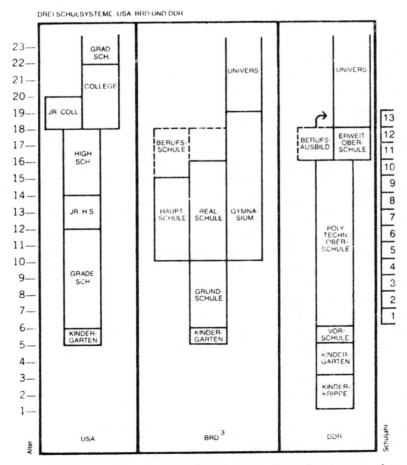

DREI SCHULSYSTEME USA BRD UND DDR

[3]In some parts of the Federal Republic there are comprehensive secondary schools called **Gesamtschulen** encompassing **Hauptschule, Realschule,** and **Gymnasium.**

Seit Anfang der siebziger Jahre sind Reformen im Gange°, über die man überall heftig° debattiert. Reorganisation der Schulformen, Experimente mit Gesamtschulen und Gesamthochschulen°, Curriculum-Reform und Reform der Lehrerausbildung°, — das sind einige der Resultate und Ziele° der Bildungs- 70 reform.

im Gange ... sein to be under way / vigorously / comprehensive schools and comprehensive universities / teacher training   aims

Das komplizierteste Problem, sowohl moralisch als auch legal, ist wohl der „Numerus clausus", das heißt, die Zulassungsbeschränkung° in vielen Disziplinen, zum Beispiel in der Medizin, wo nur ein Bewerber° von sechs einen Studienplatz bekommen 75 kann. Die Zahlen werden erst wieder kleiner werden, wenn die Einführung° der Anti-Baby-Pille, die den Baby-Boom abstoppte, eine Wirkung° hat.

limited admission

applicant

introduction

effect

Unit 13 or later

Johannes Schmidt-Ingelheim

Eine unmögliche Geschichte°

story

Dieses Wochenende werde ich nicht vergessen, auch wenn ich noch hundert Jahre leben sollte. Natürlich wird mir kein Mensch glauben, was ich erlebt habe. Aber wahr ist es doch.

Die Geschichte fing Freitag morgen in Tripolis an, das heißt, eigentlich hat sie schon angefangen, als wir noch mit Rommel 5 in Afrika gegen die Amerikaner kämpften°.

fought

Mein Schulfreund Hermann Schneider, Erich Karsten und ich wohnten damals in Tripolis bei dem Ägypter Ali und seiner Frau Busuq. Ali war ungefähr° sechzig; Busuq war mindestens achtzig. Vor Busuq hatten wir alle Angst. Wenn wir mit ihr sprachen, 10 hatten wir das Gefühl°: sie sieht dich nicht nur an°, sie sieht durch dich durch. Nur Erich hatte keine Angst vor ihr. Für ihn war diese Frau eine Königin°. Er brachte ihr immer etwas mit, wenn er ins Haus kam, und man sah, es machte ihn glücklich, wenn sie seine Geschenke annahm. 15

about

feeling   **sieht ... an** looks at

queen

Einmal, als wir nicht weit von der Stadt an unserem Wagen arbeiteten, erschienen° plötzlich ein paar englische Tiefflieger°. Wir warfen° uns zu Boden°, aber nicht schnell genug. Als wir wieder aufstanden, blieb Erich mit einer Kopfwunde° wie tot° liegen. 20

appeared   strafing planes / threw   ground / head injury   dead

Wir fuhren mit ihm nach Tripolis zurück. Als Busuq Erichs Wunde sah, befahl° sie uns, ihn ins Haus zu bringen. Wir hatten, wie immer, Angst vor ihr. Darum° gehorchten° wir und brachten ihn ins Haus. Wir konnten aber nicht bei ihm bleiben und kamen erst nach vierzehn Tagen wieder zurück. Erich war noch 25 schwach°, aber die Wunde war gottseidank geheilt°.

ordered

therefore   obeyed

weak   healed

Doch Erich war nicht mehr unser Erich. Er redete nicht mehr
so viel wie früher, und seine Augen° schienen sagen zu wollen: eyes
Ich weiß etwas, was ihr nicht wißt. Außerdem sah er oft
stundenlang irgendwohin° in die Ferne° und war sozusagen ein-   30 somewhere   distance
fach nicht da.

Nun°, Hermann und ich hatten keine Zeit, Erich zu analysieren.   well
Die Situation in Afrika war damals schon gefährlich°; und wir   dangerous
fragten uns oft: Wie kommt ihr nur zurück nach Deutschland?

Zwei oder drei Wochen später saßen Hermann und ich in Alis   35
Haus und schrieben Briefe. Erich saß bei uns und war wieder
einmal sozusagen nicht da. Aber plötzlich sah er mich mit
seinem Ich-weiß-etwas-was-du-nicht-weißt Blick° an und sagte: look
„Weißt du, daß deine Frau dir gerade einen Brief schreibt, um dir
zu erzählen, daß deine Tochter schon bis fünf zählen° kann?"   40 count
Niemand lachte. Ich wußte nicht, was ich denken sollte.

Ungefähr zehn Tage später flog man Hermann und mich nach
Deutschland. Erich blieb in Afrika zurück. Wie lange er noch
bei der Ägypterin gewesen ist, weiß ich nicht. Ich habe ihn erst
dieses Wochenende wiedergesehen.   45

Kurz° vor dem Abflug° nach Deutschland aber bekam ich   shortly   departure
damals noch einen Brief von meiner Frau. Was sie schrieb,
machte mich unruhig°. „Es wäre wirklich gut", schrieb sie,   disturbed me
„wenn Du[1] hier wärst. Du hättest sehen sollen, wie Dein Töch-
terchen heute morgen an den Fingern bis fünf gezählt hat . . .   50
Du, Hans, was ich gerade erlebt habe, ist wirklich unglaublich,
und ich muß mich zwingen, ruhig zu bleiben. Ich hatte beim
Schreiben plötzlich das Gefühl, daß jemand hinter mir stand. Ich
fühlte° es. Ich wußte einfach, daß jemand hinter mir stand. Ich   felt
saß eine Zeitlang° still, dann sprang ich auf. Niemand war im   55   short line
Zimmer. Aber Hans, auf dem Boden° waren Fußabdrücke°, wie   floor   footprints
Du sie machst, wenn Du mit Deinen Militärschuhen° nach   army boots
Hause kommst. Du darfst nicht lachen. Ich weiß, was ich Dir
schreibe, kann einfach nicht passieren. Aber es *ist* passiert!—
Oder ist es doch nicht passiert? Hans, ich bin einfach zu viel   60
allein."

Ich wußte sofort, daß meine Frau diesen Brief an dem Tag geschrieben hatte, als ich mit Erich und Hermann bei Ali gesessen
hatte und Erich plötzlich sagte: „Du Hans, deine Frau schreibt
dir gerade einen Brief." Aber wie gesagt, ich wußte damals nicht, 65
wo Erich war, und habe ihn erst letzten Freitag in Tripolis
wiedergesehen.

Ich arbeite gerade an meinem Roman *Ende bei Karthago* und
war nach Afrika geflogen, um noch einmal die Gegend° zu be-   area
suchen, wo wir damals gegen die Amerikaner gekämpft haben.   70
Es war darum ganz natürlich, daß ich, sofort nachdem ich in
Tripolis angekommen war, zu Busuqs Haus gehen wollte. Es

---

[1]In letters, all pronouns of direct address must be capitalized (**Du, Dich, Dein,
Ihr,** etc.).

steht tatsächlich noch. Ich wollte gerade mit meiner Leica eine
Aufnahme° machen (hätte ich diese Aufnahme doch nur ge-   photo
macht!), als jemand aus dem Haus kam. Es war Erich.   75

Erich, der mich jahrelang immer nur in Uniform gesehen hatte,
erkannte mich nicht. Er sah nur einen Mann mit einer Kamera —
und war auf einmal verschwunden°. Verschwunden, sage ich: disappeared
er ging nicht um die Ecke, er ging nicht ins Haus zurück, er war
plötzlich einfach nicht mehr da. „Diese Sonne", dachte ich, „die 80
macht einen noch ganz verrückt°." Dann ging ich ins Haus. Ali   crazy
saß im Garten. Er war jetzt über achtzig. Er erzählte mir, daß
seine Frau kurz nach dem Ende des Krieges gestorben sei und
daß mein Freund Erich ihn jedes Jahr einmal besucht habe. Ja,
Erich wäre gerade vor ein paar Minuten im Haus gewesen und   85
habe ihm, wie jedes Jahr um diese Zeit, fünf Goldstücke° dage-   gold coins
lassen. Tatsächlich stand Ali auf, nahm einen Stein° aus der   stone
Wand des Hauses, griff° in ein Loch° hinter dem Stein und zeigte reached   hole
mir fünf Goldstücke, fünf Zwanzigmarkstücke. „Also war es
wirklich Erich, den du gesehen hast und der dann einfach nicht   90
mehr da war", sagte ich mir; und plötzlich wußte ich: hier ist
etwas nicht in Ordnung.

Ich ging ins Hotel zurück, um nachzudenken°. Im Hotel war-   to reflect
tete ein Brief von Hermann Schneider aus Hamburg auf mich.
„Lieber Hans", schrieb Hermann, „ich habe Dich zwar seit Ende   95
des Krieges nicht mehr gesehen, aber ich habe alle Deine Bücher
gelesen. Ich gratuliere Dir zu Deinen Detektivromanen, die ich
viel besser finde als Deine Kriegsromane. Dein Verleger° ist ein publisher
Freund von mir und hat mir versprochen, Dir diesen Brief nach-
zuschicken. Aber da er mir nicht sagen wollte, wo Du bist, weiß 100
ich nicht, wo und wann Dich mein Brief erreichen wird. Ich habe
eine Bitte° an den Detektiv in Dir.   request

„Wie Du vielleicht weißt, bin ich in Hamburg Direktor der
Hansa-Bank. In unserer Bank verschwinden seit zehn Jahren
jedes Jahr um diese Zeit fünf Zwanzigmarkstücke. Natürlich   105
sind hundert Mark in Gold nicht viel Geld. Aber es ist doch
seltsam°, daß jemand in unserer Bank jedes Jahr fünf Goldstücke   strange
stiehlt°. Ich will noch nicht die Polizei anrufen, denn ich habe steals
das Gefühl, ich stehe hier vor irgendeinem Geheimnis°. Ich bitte secret
Dich daher, die Sache° zu untersuchen°. Du könntest ein paar   110 matter   investigate
Wochen lang in der Bank ‚arbeiten' und versuchen, den Dieb°   thief
zu finden. Mein Privatsekretär ist übrigens unser Freund Erich
Karsten."

Erich Karsten!

Erich Karsten! Gerade vor einer Stunde war er bei Ali gewesen   115
und hatte ihm, „wie jedes Jahr um diese Zeit", fünf Goldstücke
gegeben. Und damals hatte er mit seinen Militärschuhen hinter
meiner Frau gestanden und den Brief gesehen.

Es wäre nicht gerade° intelligent gewesen, Hermann Schneider   not exactly
von Tripolis aus anzurufen. Wenn Erich der Dieb war — und er   120
mußte es sein — durfte er auf keinen Fall wissen, daß ich gerade

heute in Tripolis war, als er Ali fünf Goldstücke ins Haus ge-
tragen hatte.

Ich nahm daher° ein Taxi zum Flughafen, bekam auf der   therefore
Maschine nach Paris noch einen Platz und rief Hermann 125
Schneider von Paris aus an. Da ich nicht wußte, ob Erich bei
Hermann war oder nicht, erzählte ich Hermann, ich sei ein paar
Tage in der Normandie gewesen, hätte gerade seinen Brief bekommen und würde gegen sechs in Hamburg ankommen. Ich
gab meinem Freund die Flugnummer und bat ihn, mich abzu- 130
holen. „Natürlich hole ich dich ab", sagte Hermann. „Ich wohne
nicht weit vom Hamburger Flughafen. Es ist zwar sehr heiß hier
in Hamburg, aber gottseidank habe ich hinter dem Haus ein
Schwimmbecken°."   swimming pool

Es war ungefähr sieben Uhr, als wir vor Hermanns Haus hielten. 135
Vor dem Haus stand ein Volkswagen. „Das ist Gerdas Wagen",
sagte Hermann. „Sie hat deine Romane gelesen und wollte dich
gerne kennenlernen; übrigens werden wir nächste Woche
heiraten. Ich—"

Hinter dem Haus schrie° eine Frau. Sie schrie, daß mir fast das 140 screamed
Herz° stillstand. Bevor ich wußte, was geschah°, hatte Hermann   heart happened
einen Revolver aus dem Wagen geholt° und lief hinter das Haus.   got
Ich folgte ihm. Am Schwimmbecken stand ein Mädchen, blond,
schön und mit einer Figur, wie man sie sonst nur im Film sieht.
Auf dem Wasser schwamm ein Hut. Sie zitterte°, zeigte auf den 145 trembled
Hut und sagte: „Er ist weg—oh, ich hasse° diesen Menschen."   hate

„Wer ist weg?" fragte Hermann. „Herr Karsten", antwortete das
Mädchen. Hermann führte° sie zu einem der Gartenstühle, ver-   led
suchte, ganz ruhig zu sein, und sagte: „Gerda, dies ist mein
Freund Schmidt-Ingelheim. Ich habe ihn gerade am Flugplatz 150
abgeholt", und als sie nicht auf seine Worte reagierte°, sagte er: reacted
„Gerda, könntest du dich zwingen, mir und Hans jetzt zu erzählen, was hier geschehen ist?"

Es dauerte doch noch ein paar Minuten, bis Gerda ruhig
sprechen konnte. Dann erzählte sie: „Ich bin kurz nach fünf mit 155
meiner Mutter hier angekommen. Wir sahen, daß du noch nicht
zurück warst. Mutter ist spazierengegangen, und ich wollte
schwimmen, bis du kamst. Als ich ins Wasser sprang, war niemand hier, das weiß ich bestimmt. Aber als ich aus dem Wasser
wollte, stand Herr Karsten oben° und hielt mir die Hand hin, 160 up there
um mir zu helfen. Ich erschrak°, schrie laut und sprang zurück.   was scared
Herr Karsten fiel° ins Wasser. Als ich auf dieser Seite aus dem   fell
Wasser kam, war Herr Karsten weg. Aber da schwimmt sein
Hut."

Hermann, dem ich auf dem Weg vom Flughafen erzählt hatte, 165
was in Tripolis geschehen war, sah mich an°, dann ging er ins   looked at me
Wohnzimmer, holte ein Telefon, stellte es auf den Gartentisch
beim Schwimmbecken, wählte eine Nummer und wartete.
Gerda und ich hörten, wie es am anderen Ende klingelte. Dann
gab mir Hermann den Hörer°. „Hier Karsten", sagte eine Männer- 170 receiver

stimme. Und obwohl ich seit dem Kriege nicht mit Erich gesprochen hatte, erkannte ich seine Stimme sofort. Ich log° und   lied
sagte ihm, ich riefe vom Flughafen aus an.

Ich hätte gehofft, Hermann könnte mich abholen, er sei aber
nirgends° zu sehen, und zu Hause sei er auch nicht. „Er wollte   175 nowhere
dich auch abholen", sagte Erich, „aber vielleicht ist er nicht so
schnell durch die Stadt gekommen, wie er wollte. Ich rufe ihn
trotzdem sofort noch einmal an und sage ihm, daß du da bist.
Aber er ist bestimmt nicht mehr zu Hause."

Einen Augenblick° später klingelte das Telefon. Wir antworte-   180 moment
ten nicht. „Wie weit ist es von hier bis zu Erichs Wohnung?"
fragte ich Hermann. „Mit dem Wagen mindestens eine Stunde",
war die Antwort. Ich sagte nichts, auch Gerda schwieg°; aber   was silent
ich glaube, sie fühlte, daß Hermann und ich mehr wußten, als
wir sagten.   185

Endlich meinte Hermann: „Gerda, die Geschichte, die du uns
da erzählt hast, ist einfach unmöglich. Wem der Hut auf dem
Wasser gehört, weiß ich nicht. Aber Erich kann er nicht gehören,
Erich kann nicht hier gewesen sein. Wenn er hier gewesen wäre,
könnte er jetzt nicht zu Hause sein. Weißt du was, wir warten,   190
bis deine Mutter zurückkommt, und dann fahre ich euch beide
in meinem Wagen nach Hamburg zurück. Hans kann mit
deinem VW hinter uns herfahren."

Es war schon ungefähr neun, als wir Gerda und ihrer Mutter
gute Nacht sagten. Gerda hatte versprochen, ein Bad zu nehmen, 195
eine Tasse Tee mit Kognak zu trinken und dann ins Bett zu
gehen. Um halb zehn saßen wir bei Hermann, tranken einen
Whisky und redeten von den Fußabdrücken hinter dem Stuhl
meiner Frau, von den fünf Goldstücken hinter dem Stein in Alis
Haus und von Erichs Hut in Hermanns Schwimmbecken. Wir 200
versuchten, etwas zu erklären°, was man einfach nicht erklären   explain
kann.

Da klingelte das Telefon, Hermann nahm den Hörer ab. Lange
sagte er nichts, und ich wußte nicht, mit wem er sprach. „Wir
kommen sofort, Gerda", sagte er dann, legte den Hörer auf und 205
sprang auf. „Aber so etwas ist doch einfach unmöglich!" rief er.
„Was ist unmöglich?" fragte ich und versuchte, ruhig zu bleiben.
Das Telefon klingelte wieder. Diesmal ging ich in Hermanns
Arbeitszimmer°, wo noch ein Telefon stand, und hörte mit.   study

„Hier ist Elisabeth Meyer", hörte ich eine Frauenstimme sagen. 210
„Bei mir in der Wohnung wohnt ein Herr Karsten. Soviel ich
weiß, ist er Ihr Privatsekretär. Herr Direktor, Ihrem Sekretär
muß irgendetwas passiert sein. Er ist heute noch gar nicht weg-
gewesen. Seit dem Frühstück sitzt er auf seinem Zimmer. Vor
ein paar Minuten habe ich an seine Tür geklopft°, um ihn zu 215 knocked
fragen, ob er nicht etwas essen wollte. Während ich klopfte,
hörte ich einen lauten Schrei, und dann war es still im Zimmer. Ich habe die Polizei schon angerufen, aber es wäre vielleicht
gut, wenn Sie auch kämen. Er ist doch ein Freund von Ihnen."

„Ich komme sofort, Frau Meyer", sagte Hermann und legte auf°. 220   hung up
Dann sagte er zu mir: „Hans, das ist zum Verrücktwerden°. Du   this is driving me crazy
mußt sofort zu Gerda fahren. Die zwei Frauen dürfen heute
abend nicht allein in ihrer Wohnung sein. Du kannst meinen
Wagen nehmen, und ich fahre mit einem Taxi zu Erichs Wohnung. Ich sehe dich dann später bei Gerda. Sie soll dir erzählen, 225
was dort passiert ist." „O.K.", sagte ich. Dann liefen wir aus dem
Haus.

Gerda und ihre Mutter waren erstaunt°, mich allein zu sehen.   astonished
„Hermann ist zu Erich gefahren", sagte ich. „Erichs Wirtin° hat   landlady
ihn vor einer halben Stunde laut schreien hören, und sie meint, 230
ihm sei etwas passiert."

„Aber Erich war doch vor einer halben Stunde hier", sagte Gerda.
„Hat Ihnen Hermann denn nichts davon erzählt?" — „Unmöglich!
Wie kann er vor einer halben Stunde hier gewesen sein, wenn
er vor einer halben Stunde in seinem Zimmer laut geschrien 235
hat? Gerda, ich glaube, Sie hätten keinen Kognak trinken sollen."
Aber Gerda lachte nicht. „Hans, Sie wissen mehr, als Sie sagen",
meinte sie, und dann erzählte sie mir, was passiert war. „Nachdem Sie beide heute abend weggegangen waren, nahm ich, wie
ich versprochen hatte, ein Bad. Als ich nach zehn Minuten aus 240
der Badewanne° stieg°, stand plötzlich der Karsten wieder vor   bathtub   climbed
mir. Wie er ins Badezimmer gekommen ist, weiß ich nicht.
Niemand hat geklingelt, und meine Mutter hat niemand herein-
gelassen. Auch durch den Garten kann er nicht gekommen sein,
sonst hätte bestimmt der Hund gebellt°. Fitzi schläft nämlich 245   barked
auf der Terrasse, wissen Sie. Aber trotzdem stand Karsten in der
Badezimmertür und fragte: ,Wo haben Sie meinen Hut?' Ich
wurde wütend°, nahm meinen Schuh und schlug° ihm damit   mad, angry   hit
auf den Kopf°. Und dann war er plötzlich weg, gerade wie heute   head
nachmittag im Schwimmbecken. Und mein Schuh ist auch 250
weg." — „Ich glaube, wir sollten jetzt wirklich eine Tasse Tee mit
Kognak trinken", sagte ich zu den Frauen, „oder noch besser
einen Kognak ohne Tee." Dann warteten wir auf Hermann. Es
war schon eins, als er kam. „Eine unglaubliche Geschichte", fing
er an, „einfach unmöglich. Als ich vor Erichs Wohnung hielt, 255
war die Polizei gerade angekommen. ,Aber ich sage Ihnen doch,
er hat laut geschrien', hörte ich die Wirtin sagen, ,gerade als ich
an die Tür klopfte, um ihn zu fragen, ob ich ihm etwas zu essen
bringen könnte. Als er mir dann nicht antwortete, habe ich Sie
sofort angerufen, und ich habe hier vor der Tür gestanden, bis 260
Sie kamen.' — Es dauerte fast zehn Minuten, bis die Polizisten
endlich die Tür aufmachen konnten. Dann gingen wir alle ins
Zimmer. Erich war weg; kein Mensch war im Zimmer, aber auf
dem Tisch stand eine Tasse Kaffee, der noch warm war. Die
Polizisten wußten nicht, was sie von der Sache halten sollten. 265
Ich konnte ihnen nicht helfen, denn wenn ich ihnen erzählt
hätte, was seit gestern geschehen ist, hätten sie bestimmt
gedacht, ich wäre verrückt."

Ich wäre nicht erstaunt° gewesen, wenn Gerda jetzt hysterisch   astonished
geworden wäre, aber sie blieb ruhig, erzählte noch einmal, daß 270
Erich in der Tür zum Badezimmer gestanden und sie nach
seinem Hut gefragt habe, daß sie ihm mit einem Schuh auf den
Kopf geschlagen hätte, und daß Erich plötzlich einfach nicht
mehr dagewesen sei.

Hermann, die zwei Frauen und ich redeten, bis es Tag wurde. 275
Dann frühstückten wir zusammen—Gerdas Kaffee war übrigens
unglaublich gut—und fuhren nach Hause.

Gestern abend waren Gerda und ihre Mutter wieder bei uns. Wir
saßen gerade beim Abendessen, als das Telefon klingelte. Ich
hörte wieder mit. Es war die Polizei, aber nicht die Hamburger 280
Polizei. Es war Interpol in Tripolis. Vor dem Haus eines Ägyp-
ters habe[1] man am Morgen einen Mann gefunden, tot und mit
einer Wunde im Kopf. Die Untersuchung° durch die Polizei   investigation
hätte bis jetzt zu nichts geführt. Einen Paß° habe der Mann nicht passport
gehabt; in seiner Tasche° wäre ein Brief gewesen, adressiert an 285 pocket
Hermann, aber außer hundert Mark wäre in dem Brief nichts
gewesen. Niemand wisse, wer der Mann sei; in keinem der
Hotels in Tripolis kenne man ihn, und so sei nur die eine Spur°   trace
da, die zu Hermann führe, und ob er wüßte, wer der Mann sein
könnte. Übrigens habe man neben ihm—wie seltsam—einen 290
Damenschuh gefunden, und sonst gar nichts.

Hermann zitterte. „Das könnte mein Privatsekretär Erich Karsten sein", sagte er, „er ist seit gestern abend spurlos verschwun-
den°. Ich werde sofort die Polizei hier in Hamburg anrufen." Dann   disappeared without a
legte er auf.   295   trace

Heute nachmittag fliege ich nach Hause. Meine Frau holt mich,
wie immer, am Flughafen ab.

Aber was soll ich ihr erzählen?

Unit 15 or later

Frau Anni Schneider und ihre Kinder

Anni Schneider, 45 Jahre alt und geschieden°, lebt mit ihren   divorced
vier Kindern in M., einer kleinen Stadt im Land Rheinland-Pfalz°.   Rhineland-Palatinate
In Koblenz geboren, war sie 15 Jahre lang mit dem Kraftfahr-
zeugmeister° Peter Schneider verheiratet. Seit ihrer Scheidung°   master auto mechanic
arbeitet sie als Verkaufsleiterin° in einem Kaufhaus in Koblenz. 5 divorce
Monatliches Einkommen: etwa DM 3.400. („Wenn die Kinder   sales manager
erst mal alle aus dem Hause sind, ist das nicht schlecht.") Sie
gehört zu den vielen geschiedenen Frauen, die heute in der

---

[1]Note that the use of the subjunctive is sufficient to indicate indirect discourse;
no introductory statement such as **Man sagte uns, ...** is necessary.

Bundesrepublik allein und ohne Hilfe für die Erziehung° ihrer   education
Kinder verantwortlich° sind, und sie denkt viel darüber nach,   10 responsible
was aus den Kindern werden soll und werden wird. „Aber", sagt
sie, „ich komme heute besser zurecht° als vor zehn Jahren. Die   get along
dauernden Schwierigkeiten° mit meinem Mann haben mir   constant troubles
damals das ganze Leben sauer gemacht."

Als sich Frau Schneider vor zehn Jahren scheiden ließ, war   15
Tobias, ihr Jüngster, gerade zwei Jahre alt. Heute ist er in der
sechsten Klasse im Gymnasium, in der sogenannten „Orientierungsstufe":[1] In M. schickt man heute fast alle Kinder nach
der Grundschule aufs Gymnasium. „Die Hauptschule ist eine
Hilfsschule° geworden", sagen die Lehrer, „aber was soll man   20 school for the retarded
machen? Die meisten Eltern glauben, daß sie die intelligentesten
Kinder haben, für die nur die beste Erziehung gut genug ist, und
welcher Lehrer will da schon Gott spielen und für das Schicksal°   fate
von zehnjährigen Kindern verantwortlich sein? Also geben wir
fast allen ein positives Gutachten° und schicken sie aufs Gym-   25 evaluation
nasium."

In der Orientierungsstufe, das heißt, in der fünften und sechsten
Klasse, bestimmt° man dann, welche Kinder auf dem Gym-   determines
nasium oder auf der Realschule bleiben sollen und welche in
die Hauptschule zurück müssen. Frau Schneider ist nicht sicher,   30
ob ihr Tobias wirklich aufs Gymnasium gehört. Erstens, meint
sie, ist er gar nicht so intelligent; er arbeitet lieber mit den
Händen als mit dem Kopf°. Und zweitens haben die jungen   head
Akademiker heute doch gar keine gute Zukunft°. Tobias in-   future
teressiert sich für Maschinen, für Motoren, für Autos. („Das hat   35
er von seinem Vater", sagt Frau Schneider.) Trotzdem bekommt
er gute Noten°, und wenn er auf dem Gymnasium bleibt, könnte   grades
er ja nach dem Abitur auf eine Technische Hochschule gehen
und Ingenieur werden. Wer weiß?

Annemarie ist vier Jahre älter als Tobias. Sie hatte gerade ihren   40
sechzehnten Geburtstag und ist vor ein paar Wochen von der
Realschule abgegangen°. Als sie zehn Jahre alt war, gab es noch   has graduated
keine Orientierungsstufe, und die Kinder blieben entweder in
der Hauptschule, oder sie gingen auf die Realschule oder aufs
Gymnasium. Anni Schneider schickte ihre Tochter Annemarie   45
auf die Realschule. „Und das war gut so", meint sie jetzt. „Aus
der Annemarie wäre nie eine Akademikerin geworden; sie war
schon immer ein praktisches Kind, und auf der Realschule hat
sie genau das lernen können, was für sie das Richtige war." Für
die Fähigkeiten° ihrer Kinder hat Frau Schneider einen guten   50 capabilities
Instinkt, und bei ihrer jüngeren Tochter hatte sie ganz bestimmt
recht. Annemarie ist jetzt in der Lehre° in einem großen Werk°   **in der Lehre sein** to
in der Nähe von M., und sie will Verwaltungsbeamtin° werden.   be an apprentice
   plant, factory
   administration official

---

[1]**Orientierungsstufe**: the first two years of secondary school, during which a
final determination is made as to the school type to which a youngster will be
assigned (see diagram on p. 109).

Die meisten Firmen nehmen lieber Lehrlinge auf, die von der
Realschule kommen, als solche, die nach sechs Jahren das Gym- 55
nasium verlassen. Die Realschüler haben eine abgeschlossene°,   completed
praxis-orientierte Erziehung hinter sich, während Schüler, die
nach der zehnten Klasse vom Gymnasium abgehen, in den
meisten Fällen° unfreiwillig° abgehen, weil sie zu schlechte   cases   involuntarily
Noten haben.   60

Hannelore Schneider, Annis ältere Tochter, ist achtzehn und
in der zwölften Klasse auf dem Gymnasium in M. Aber seit der
Oberstufenreform gibt es eigentlich keine „Klassen" mehr auf
der Oberstufe° (die jetzt Sekundarstufe II heißt). Die Schüler   upper division
haben nach der zehnten Klasse vier Jahre Zeit, um die „Abitur- 65
qualifikation" zu erwerben°.   acquire

„Ich verstehe das alles nicht mehr", sagt Frau Schneider, —und
mit ihr sagen das die meisten Eltern, deren Kinder sich auf das
Abitur vorbereiten. „Früher war das alles so einfach: man kam
von einer Klasse in die andere, —wenn man nicht sitzenblieb°—, 70 didn't have to stay behind
und dann machte man das Abitur, —oder man fiel durch°. Jetzt   flunked
redet die Hannelore von Punkten°, die sie braucht; Noten gibt   points
es nicht mehr, und sie hat Grundkurse und Leistungskurse°,   basic courses and
und . . . na ja, wenn die Deutschen etwas reformieren, dann ist   achievement courses
es nachher immer komplizierter als es vorher war."   75

Seit der Oberstufenreform gibt es in den Bundesdeutschen Gym-
nasien das „Kurssystem"; das heißt, jeder Schüler kann wählen°,   choose
welche Fächer° er als Leistungsfächer oder als Grundfächer   subjects
nehmen will. Deutsch, Mathematik, Gemeinschaftskunde° und   social studies
eine Fremdsprache sind Pflichtfächer°, alle anderen sind Wahl- 80 required courses
fächer°, und statt Noten bekommt man von null bis fünfzehn   electives
Punkte. Wer 300 Punkte hat, hat die Abiturqualifikation und
kann dann die Abiturprüfungen machen.

Hannelore findet das neue System sehr gut, obwohl ihre Mutter es nicht versteht. Sie will Jura° studieren und Rechtsan- 85 law
wältin° werden. Sie interessiert sich sehr für die Probleme der   attorney
Gastarbeiter und hofft, daß sie als Anwältin den ausländischen
Arbeitern wird helfen können. „Ob sie das schafft°, weiß ich   makes
nicht", meint Frau Schneider skeptisch. „Aber sie soll es nur versuchen. Energie hat sie genug."   90

Klaus, der älteste, ist 21 und studiert Volkswirtschaft° an der   economics
Mainzer Universität. Er hat ein Zimmer in der Rheinstraße, der
Hauptstraße von Mainz, und ißt fast alle seine Mahlzeiten in
der Mensa. Finanziell ist er ziemlich unabhängig°, denn er be-   rather independent
kommt eine recht gute BAFöG²-Unterstützung°, genug für ein 95 support
einfaches Studentenleben.

Eigentlich hatte er Studienrat werden und Deutsch, Englisch und
Geschichte studieren wollen, aber er sieht keine Zukunft als

---

²**BAFöG** is the abbreviation for the monstrous compound noun **Bundesaus-
bildungsförderungsgesetz**, Federal Law for the Support of Educational Training,
through which all students whose parents earn less than a certain amount are
supported by the federal government.

Lehrer. „Es gibt schon genug stellungslose° Leute mit Staats-   unemployed
examen und sogar mit Promotion°, sagt er, da studiere ich doch   100 doctorates
lieber etwas Praktisches, womit ich hinterher° auch etwas an-   afterwards
fangen kann." Wenn er übers Wochenende nach Hause kommt,
spricht er oft von seinen Freunden, zum Beispiel von Sigrid, die
Veterinärmedizin studieren will, und von Joachim, der Chemi-
ker werden will.   105

Klaus hat schon zweimal in den Sommerferien bei Opel in
Rüsselsheim[3] gearbeitet, am Fließband°, aber er hat dabei sehr   assembly line
gut verdient. Wenn er mit dem Studium fertig ist und seinen
Diplom-Volkswirt gemacht hat, hofft er, bei Opel als Industrie-
kaufmann° unterzukommen.   110 industrial economist

„Ich bin sehr neugierig°", meint Anni Schneider, „was aus   curious
meinen vier Kindern werden wird."

Unit 16 or later

PETER BICHSEL

Ein Tisch ist ein Tisch

Ich will von einem alten Mann erzählen, von einem Mann, der
kein Wort mehr sagt, ein müdes Gesicht° hat, zu müd zum   face
Lächeln° und zu müd, um böse° zu sein. Er wohnt in einer   to smile   mad
kleinen Stadt, am Ende der Straße oder nahe der Kreuzung°. Es   intersection
lohnt sich fast nicht, ihn zu beschreiben°, kaum etwas unter-   5 **es lohnt sich nicht** it
scheidet° ihn von andern. Er trägt einen grauen° Hut, graue   doesn't pay   describe
Hosen°, einen grauen Rock° und im Winter den langen grauen   distinguishes   gray
Mantel, und er hat einen dünnen Hals°, dessen Haut° trocken   pants   jacket
und runzelig° ist, die weißen Hemdkragen° sind ihm viel zu   thin neck   skin
weit.   dry and shriveled up
   10 shirt collar

Im obersten Stock° des Hauses hat er sein Zimmer, vielleicht   on the top floor
war er verheiratet und hatte Kinder, vielleicht wohnte er früher
in einer andern Stadt. Bestimmt war er einmal ein Kind, aber
das war zu einer Zeit, wo die Kinder wie Erwachsene° ange-   adults
zogen waren. Man sieht sie so im Fotoalbum der Großmutter.   15
In seinem Zimmer sind zwei Stühle, ein Tisch, ein Teppich°,   rug
ein Bett und ein Schrank°. Auf einem kleinen Tisch steht ein   wardrobe
Wecker°, daneben liegen alte Zeitungen und das Fotoalbum, an   alarm clock
der Wand hängen ein Spiegel und ein Bild.

Der alte Mann machte morgens einen Spaziergang° und nach-   20 walk
mittags einen Spaziergang, sprach ein paar Worte mit seinem
Nachbarn, und abends saß er an seinem Tisch.

[3]Opel, the General Motors subsidiary in the FRG, has its main plant in Rüsselsheim, between Mainz and Frankfurt.

Das änderte° sich nie, auch sonntags war das so. Und wenn der
Mann am Tisch saß, hörte er den Wecker ticken, immer den
Wecker ticken. — changed

25

Dann gab es einmal einen besonderen Tag, einen Tag mit Sonne,
nicht zu heiß, nicht zu kalt, mit Vogelgezwitscher°, mit freund- — twittering of birds
lichen Leuten, mit Kindern, die spielten—und das Besondere
war, daß das alles dem Mann plötzlich gefiel.

Er lächelte.

30

„Jetzt wird sich alles ändern", dachte er. Er öffnete den obersten
Hemdknopf°, nahm den Hut in die Hand, beschleunigte seinen — opened the top shirt button
Gang°, wippte sogar beim Gehen in den Knien° und freute sich. — accelerated his steps / walked with a spring
Er kam in seine Straße, nickte° den Kindern zu, ging vor sein — nodded
Haus, stieg die Treppe hoch, nahm die Schlüssel aus der Tasche° — pocket
und schloß sein Zimmer auf°. — unlocked

35

Aber im Zimmer war alles gleich, ein Tisch, zwei Stühle, ein
Bett. Und wie er sich hinsetzte, hörte er wieder das Ticken. Und
alle Freude° war vorbei°, denn nichts hatte sich geändert. — joy   gone

Und den Mann überkam eine große Wut°. — anger

40

Er sah im Spiegel sein Gesicht rot anlaufen°, sah, wie er die — turn red
Augen zukniff°, dann verkrampfte° er seine Hände zu Fäusten°, — squeezed shut / clenched fists
hob° sie und schlug mit ihnen auf die Tischplatte, erst nur einen — raised
Schlag, dann noch einen, und dann begann er auf den Tisch zu
trommeln° und schrie dazu immer wieder: — drum

45

„Es muß sich ändern, es muß sich ändern!"

Und er hörte den Wecker nicht mehr. Dann begannen seine
Hände zu schmerzen°, seine Stimme versagte°, dann hörte er — hurt   failed
den Wecker wieder, und nichts änderte sich.

„Immer derselbe Tisch", sagte der Mann, „dieselben Stühle, das
Bett, das Bild. Und dem Tisch sage ich Tisch, dem Bild sage ich
Bild, das Bett heißt Bett, und den Stuhl nennt man Stuhl. Warum
denn eigentlich? Die Franzosen sagen dem Bett ‚li'°, dem Tisch — **French: lit** bed
‚tabl'°, nennen das Bild ‚tablo'° und den Stuhl ‚schäs'°, und sie — **table** table / **tableau** picture
verstehen sich. Und die Chinesen verstehen sich auch." — **chaise** chair

50

55

„Weshalb heißt das Bett nicht Bild", dachte der Mann und
lächelte, dann lachte er, lachte, bis die Nachbarn an die Wand
klopften° und „Ruhe" riefen°. — knocked   called

„Jetzt ändert es sich", rief er, und er sagte von nun an dem Bett
„Bild".

60

„Ich bin müde, ich will ins Bild", sagte er, und morgens blieb
er oft lange im Bild liegen und überlegte°, wie er nun dem Stuhl — meditated
sagen wolle, und er nannte den Stuhl „Wecker".

Er stand also auf, zog sich an, setzte sich auf den Wecker und
stützte° die Arme auf den Tisch. Aber der Tisch hieß jetzt nicht — put
mehr Tisch, er hieß jetzt Teppich. Am Morgen verließ also der
Mann das Bild, zog sich an, setzte sich an den Teppich auf den
Wecker und überlegte, wem er wie sagen könnte.

Dem Bett sagte er Bild.
Dem Tisch sagte er Teppich.   70
Dem Stuhl sagte er Wecker.
Der Zeitung sagte er Bett.
Dem Spiegel sagte er Stuhl.
Dem Wecker sagte er Fotoalbum.
Dem Schrank sagte er Zeitung.   75
Dem Teppich sagte er Schrank.
Dem Bild sagte er Tisch.
Und dem Fotoalbum sagte er Spiegel.

Also:

Am Morgen blieb der alte Mann lange im Bild liegen, um neun 80
läutete° das Fotoalbum, der Mann stand auf und stellte sich auf   rang
den Schrank, damit° er nicht an die Füße fror°, dann nahm er   so that   froze
seine Kleider° aus der Zeitung, zog sich an, schaute in den Stuhl clothes
an der Wand, setzte sich dann auf den Wecker an den Teppich
und blätterte den Spiegel durch°, bis er den Tisch seiner Mut- 85 leafed through
ter fand.

Der Mann fand das lustig°, und er übte° den ganzen Tag und   funny   practiced
prägte sich die neuen Wörter ein°, jetzt wurde alles umbe-   memorized
nannt°: Er war jetzt kein Mann mehr, sondern ein Fuß, und der   was renamed
Fuß war ein Morgen und der Morgen ein Mann.   90

Jetzt könnt ihr die Geschichte selbst weiterschreiben. Und dann
könnt ihr, so wie es der Mann machte, auch die anderen Wörter
austauschen°:   substitute

    läuten heißt stellen,
    frieren heißt schauen,   95
    liegen heißt läuten,
    stehen heißt frieren,
    stellen heißt blättern.

So daß es dann heißt:

Am Mann blieb der alte Fuß lange im Bild läuten, um neun 100
stellte das Fotoalbum, der Fuß fror auf und blätterte sich auf
den Schrank, damit er nicht an die Morgen schaute.

Der alte Mann kaufte sich blaue Schulhefte° und schrieb sie mit   blue notebooks
den neuen Wörtern voll, und er hatte viel zu tun damit, und
man sah ihn nur noch selten auf der Straße.   105

Dann lernte er für alle Dinge die neuen Bezeichnungen° und   designations
vergaß dabei mehr und mehr die richtigen. Er hatte jetzt eine
neue Sprache, die ihm ganz allein gehörte.

Hie und da° träumte° er schon in der neuen Sprache, und dann   now and then   dreamed
übersetzte° er die Lieder° aus seiner Schulzeit in seine Sprache, 110 translated   songs
und er sang sie leise vor sich hin.

Aber bald fiel° ihm auch das Übersetzen schwer°, er hatte seine   proved   difficult
alte Sprache fast vergessen, und er mußte die richtigen Wörter
in seinen blauen Heften suchen. Und es machte ihm Angst, mit
den Leuten zu sprechen. Er mußte lange nachdenken, wie die 115
Leute zu den Dingen sagen.

Seinem Bild sagen die Leute Bett.
Seinem Teppich sagen die Leute Tisch.
Seinem Wecker sagen die Leute Stuhl.
Seinem Bett sagen die Leute Zeitung.   120
Seinem Stuhl sagen die Leute Spiegel.
Seinem Fotoalbum sagen die Leute Wecker.
Seiner Zeitung sagen die Leute Schrank.
Seinem Schrank sagen die Leute Teppich.
Seinem Tisch sagen die Leute Bild.   125
Seinem Spiegel sagen die Leute Fotoalbum.

Und es kam so weit, daß der Mann lachen mußte, wenn er die
Leute reden hörte.

Er mußte lachen, wenn er hörte, wie jemand sagte:

„Gehen Sie morgen auch zum Fußballspiel?" Oder wenn jemand 130
sagte: „Jetzt regnet es schon zwei Monate lang." Oder wenn
jemand sagte: „Ich habe einen Onkel in Amerika."

Er mußte lachen, weil er all das nicht verstand.

Aber eine lustige Geschichte ist das nicht. Sie hat traurig° an-   sad
gefangen und hört traurig auf.   135

Der alte Mann im grauen Mantel konnte die Leute nicht mehr
verstehen, das war nicht so schlimm.

Viel schlimmer war, sie konnten ihn nicht mehr verstehen.

Und deshalb sagte er nichts mehr.

Er schwieg°,   140 was silent
sprach nur noch mit sich selbst,
grüßte nicht einmal mehr.

THE BROTHERS GRIMM

Dornröschen°   Sleeping Beauty

Vor Zeiten war ein König und eine Königin, die sprachen jeden
Tag: «Ach, wenn wir doch ein Kind hätten!» und kriegten immer
keins. Da trug sich zu°, als die Königin einmal im Bade saß, daß   it happened
ein Frosch° aus dem Wasser sprang und zu ihr sprach: «Dein   frog
Wunsch wird erfüllt° werden; bevor ein Jahr vergeht°, wirst du   5 fulfilled   passes
eine Tochter zur Welt bringen.» Was der Frosch gesagt hatte,
das geschah°, und die Königin gebar° ein Mädchen, das war so   happened   gave birth to
schön, daß der König ein großes Fest anstellte°. Er lud nicht nur   prepared
seine Verwandten, Freunde und Bekannten, sondern auch die
weisen° Frauen dazu ein, damit sie dem Kind hold und ge-   10 wise
wogen° wären. Es waren ihrer° dreizehn in seinem Reiche°;   favorably disposed to
weil er aber nur zwölf goldene Teller hatte, von welchen sie   of them   realm
essen sollten, so mußte eine von ihnen daheim° bleiben. Als   home
das Fest zu Ende war, beschenkten die weisen Frauen das Kind
mit ihren Wundergaben°: die eine mit Tugend°, die andere mit   15 miraculous gifts   virtue
Schönheit, die dritte mit Reichtum°, und so mit allem, was auf   riches

der Welt zu wünschen ist. Als elf eben gesprochen hatten, trat
plötzlich die dreizehnte herein. Sie wollte sich dafür rächen°, — take revenge
daß sie nicht eingeladen war, und ohne jemand zu grüßen oder
nur anzusehen, rief sie mit lauter Stimme: «Die Königstochter — 20
soll sich in ihrem fünfzehnten Jahr an einer Spindel stechen° — prick
und tot hinfallen.» Und ohne ein Wort weiter zu sprechen,
kehrte sie sich um° und verließ den Saal°. Alle waren er- — turned around   hall
schrocken°, da trat die zwölfte hervor°, die ihren Wunsch noch — frightened   stepped
übrig° hatte, und weil sie den bösen Spruch° nicht aufheben°, — 25   forward   left (over) / the curse   rescind
sondern nur ihn mildern° konnte, so sagte sie: «Es soll aber kein — mitigate
Tod sein, sondern ein hundertjähriger tiefer° Schlaf, in welchen — deep
die Königstochter fällt.»

Der König, der sein liebes Kind vor dem Unglück gern be-
wahren° wollte, befahl, daß alle Spindeln im ganzen Königreiche — 30   protect
verbrannt° werden sollten. Aber die Gaben der weisen Frauen — burned
wurden alle erfüllt, denn das Mädchen war so schön, sittsam°, — virtuous
freundlich und verständig°, daß es jedermann, der es ansah, — sensible
liebhaben mußte. Es geschah, daß an dem Tage, wo es gerade
fünfzehn Jahre alt wurde, der König und die Königin nicht zu — 35
Haus waren und das Mädchen ganz allein im Schloß zurück-
blieb. Da ging es überall herum und kam endlich auch an einen
alten Turm°. Es stieg die enge Treppe hinauf und kam zu einer — tower
kleinen Tür. In dem Schloß° steckte ein verrosteter° Schlüssel, — lock   rusted
und als es umdrehte°, sprang die Tür auf° und saß da in einem — 40   turned   opened
kleinen Stübchen° eine alte Frau mit einer Spindel und spann — room
emsig ihren Flachs°. «Guten Tag, du altes Mütterchen», sprach — was busily spinning her flax
die Königstochter, «was machst du da?» — «Ich spinne», sagte
die Alte und nickte° mit dem Kopf. «Was ist das für ein Ding, — nodded
das so lustig° herumspringt?» sprach das Mädchen, nahm die — 45   merrily
Spindel und wollte auch spinnen. Kaum hatte sie aber die
Spindel angerührt°, so ging der Zauberspruch° in Erfüllung°, — touched   curse   **ging ... in Erfüllung** came true
und sie stach° sich damit in den Finger. — pricked

In dem Augenblick aber fiel sie auf das Bett nieder, das dastand,
und lag in einem tiefen Schlaf. Und dieser Schlaf verbreitete — 50
sich° über das ganze Schloß: der König und die Königin, die eben — spread
heimgekommen und in den Saal getreten waren, fingen an ein-
zuschlafen und der ganze Hofstaat° mit ihnen. Da schliefen auch — household
die Pferde° im Stall, die Hunde im Hof, die Tauben° auf dem — horses   pigeons
Dach, die Fliegen° an der Wand, ja, das Feuer, das auf dem Herd° — 55   flies   stove
flackerte°, wurde still und schlief ein, und der Braten hörte auf — flickered
zu brutzeln°, und der Koch, der den Küchenjungen, weil er etwas — spattering
versehen hatte°, in den Haaren ziehen wollte, ließ ihn los und — had done something wrong
schlief. Und der Wind legte sich°, und auf den Bäumen vor dem — died down
Schloß regte sich° kein Blättchen° mehr. — 60   moved   leaf

Rings um° das Schloß aber begann eine Dornenhecke° zu — all around   thorny hedge
wachsen, die jedes Jahr höher wurde und endlich das ganze
Schloß umzog und darüber hinaus wuchs, daß gar nichts mehr
davon zu sehen war. Es ging aber die Sage° in dem Land von — story
dem schönen schlafenden Dornröschen, denn so wurde die — 65
Königstochter genannt, so daß von Zeit zu Zeit Königssöhne

kamen und durch die Hecke in das Schloß dringen° wollten. — penetrate
Es war ihnen aber nicht möglich, denn die Dornen, als hätten
sie Hände, hielten fest zusammen, und die Jünglinge° blieben — youths
darin hängen, konnten sich nicht wieder losmachen und starben 70
eines jämmerlichen° Todes. Nach langen langen Jahren kam — miserable
wieder einmal ein Königssohn in das Land und hörte, wie ein
alter Mann von der Dornhecke erzählte, es sollte ein Schloß
dahinter stehen, in welchem eine wunderschöne Königstochter,
Dornröschen genannt, schon seit hundert Jahren schliefe, und 75
mit ihr schliefe der König und die Königin und der ganze Hofstaat. Er wußte auch von seinem Großvater, daß schon viele
Königssöhne gekommen wären und versucht hätten, durch die
Dornenhecke zu dringen, aber sie wären darin hängengeblieben
und eines traurigen° Todes gestorben. Da sprach der Jüngling: 80 sad
«Ich fürchte mich nicht, ich will hinaus und das schöne Dornröschen sehen.» Der gute Alte mochte ihm abraten°, wie er — dissuade
wollte, er hörte nicht auf seine Worte.

Nun waren aber gerade die hundert Jahre verflossen°, und der — passed
Tag war gekommen, wo Dornröschen wieder erwachen° sollte. 85 awaken
Als der Königssohn sich der Dornenhecke näherte°, waren es — approached
lauter° große schöne Blumen, die taten sich von selbst ausein- — nothing but
ander° und ließen ihn unbeschädigt° hindurch, und hinter ihm — apart unharmed
taten sie sich wieder als eine Hecke zusammen. Im Schloßhof
sah er die Pferde und Hunde liegen und schlafen, auf dem Dach 90
saßen die Tauben und hatten das Köpfchen unter die Flügel° — wings
gesteckt. Und als er ins Haus kam, schliefen die Fliegen an der
Wand, der Koch in der Küche hielt noch die Hand, als wollte
er den Jungen anpacken°, und die Magd° saß vor dem schwarzen — grab maid
Huhn°, das sollte gerupft° werden. Da ging er weiter und sah 95 chicken plucked
im Saal den ganzen Hofstaat liegen und schlafen, und oben bei
dem Thron lag der König und die Königin. Da ging er noch
weiter, und alles war so still, daß einer seinen Atem° hören — breath
konnte, und endlich kam er zu dem Turm und öffnete die Tür
zu der kleinen Stube, in welcher Dornröschen schlief. Da lag 100
es und war so schön, daß er die Augen nicht abwenden° konnte, — turn away
und er bückte sich° und gab ihm einen Kuß. Wie er es mit dem — bent down
Kuß berührt° hatte, öffnete Dornröschen die Augen, erwachte — touched
und sah ihn ganz freundlich an. Da gingen sie zusammen herab,
und der König erwachte und die Königin und der ganze Hofstaat 105
und sahen einander mit großen Augen an. Und die Pferde im
Hof standen auf und rüttelten sich°: die Hunde sprangen und — shook
wedelten°: die Tauben auf dem Dach zogen das Köpfchen un- — wagged
term Flügel hervor, sahen umher und flogen ins Feld°: die — field
Fliegen an den Wänden krochen° weiter: das Feuer in der Küche 110 crawled
erhob sich°, flackerte und kochte das Essen: der Braten fing an — arose
zu brutzeln: und der Koch gab dem Jungen eine Ohrfeige°, daß — boxed his ears
er schrie: und die Magd rupfte das Huhn fertig. Und da wurde
die Hochzeit des Königssohns mit dem Dornröschen in aller
Pracht° gefeiert, und sie lebten vergnügt° bis an ihr Ende. 115 glory happily

Johann Wolfgang von Goethe (1749–1832)

Wandrers Nachtlied°

	Wanderer's Nightsong

Über allen Gipfeln°		mountain tops
Ist Ruh,		
In allen Wipfeln°		tree tops
Spürest° du		feel
Kaum einen Hauch°;	5	breath
Die Vögelein° schweigen° im Walde.		birds are silent
Warte nur, balde		
Ruhest° du auch.		rest

Erlkönig

Wer reitet° so spät durch Nacht und Wind?		rides
Es ist der Vater mit seinem Kind;		
Er hat den Knaben° wohl in dem Arm,		boy
Er faßt° ihn sicher°, er hält ihn warm. —		grasps securely
Mein Sohn, was birgst° du so bang° dein Gesicht? —	5	hide frightened
Siehst, Vater, du den Erlkönig nicht?		
Den Erlenkönig mit Kron und Schweif°? —		crown and train (of a robe)
Mein Sohn, es ist ein Nebelstreif°. —		band of fog
„Du liebes Kind, komm, geh mit mir!		
Gar° schöne Spiele° spiel ich mit dir;	10	very games
Manch bunte° Blumen sind an dem Strand°;		colorful shore
Meine Mutter hat manch gülden Gewand°."		golden robe
Mein Vater, mein Vater, und hörest du nicht,		
Was Erlenkönig mir leise° verspricht? —		softly
Sei ruhig, bleibe ruhig, mein Kind!	15	
In dürren Blättern° säuselt° der Wind. —		dry leaves rustles
„Willst feiner Knabe, du mit mir gehn?		
Meine Töchter sollen dich warten° schön;		attend
Meine Töchter führen den nächtlichen Reihn°		round dance
Und wiegen° und tanzen und singen dich ein°."	20	rock asleep
Mein Vater, mein Vater, und siehst du nicht dort		
Erlkönigs Töchter am düstern° Ort? —		dark
Mein Sohn, mein Sohn, ich seh es genau;		
Es scheinen die alten Weiden° so grau. —		willows
„Ich liebe dich, mich reizt° deine schöne Gestalt°;	25	attract figure
Und bist du nicht willig°, so brauch ich Gewalt°." —		willing force
Mein Vater, mein Vater, jetzt faßt er mich an°!		grabs
Erlkönig hat mir ein Leids° getan! —		harm
Dem Vater grauset's°, er reitet geschwind°,		it frightens fast
Er hält in Armen das ächzende° Kind,	30	moaning
Erreicht den Hof mit Mühe und Not°;		just barely
In seinen Armen das Kind war tot.		

JOSEPH VON EICHENDORFF (1788–1857)

Mondnacht°

Es war, als hätt der Himmel
Die Erde still geküßt,
Daß sie im Blütenschimmer°
Von ihm nun träumen° müßt.

Die Luft° ging durch die Felder°,
Die Ähren wogten sacht°,
Es rauschten° leis die Wälder,
So sternklar° war die Nacht.

Und meine Seele° spannte
Weit ihre Flügel aus°,
Flog durch die stillen Lande°,
Als flöge sie nach Haus.

Moonlit Night

shimmer of blossoms
dream

5 air fields
the grain waved softly
murmured
starry clear

soul
10 spread its wings
countryside

RAINER MARIA RILKE (1875–1926)

Herbsttag

Herr°: es ist Zeit. Der Sommer war sehr groß.
Leg deinen Schatten° auf die Sonnenuhren,
Und auf den Fluren° laß die Winde los.

Befiehl den letzten Früchten° voll zu sein;
Gib ihnen noch zwei südlichere Tage,
Dränge° sie zur Vollendung° hin und jage°
Die letzte Süße° in den schweren Wein.

Wer jetzt kein Haus hat, baut sich keines mehr.
Wer jetzt allein ist, wird es lange bleiben,
Wird wachen°, lesen, lange Briefe schreiben
Und wird in den Alleen hin und her
Unruhig wandern, wenn die Blätter treiben°.

Lord
shadow
fields

fruits
5
force perfection drive
sweetness

10 be wakeful

leaves are drifting

BERTOLT BRECHT (1898–1956)

Fragen eines lesenden Arbeiters

Wer baute das siebentorige° Theben°?
In den Büchern stehen die Namen von Königen.
Haben die Könige die Felsbrocken herbeigeschleppt°?
Und das mehrmals° zerstörte Babylon —
Wer baute es so viele Male auf? In welchen Häusern
Des goldstrahlenden° Lima wohnten die Bauleute?
Wohin gingen an dem Abend, wo die Chinesische Mauer
        fertig war
Die Maurer°? Das große Rom

with seven gates
Thebes
did kings haul the
boulders
5 several times

shining

stone masons

Ist voll von Triumphbögen°. Wer errichtete° sie? Über wen   10   triumphal arches
Triumphierten die Cäsaren? Hatte das vielbesungene   erected
    Byzanz°   Byzantium
Nur Paläste° für seine Bewohner°? Selbst in dem   palaces   inhabitants
    sagenhaften° Atlantis   mythical
Brüllten° in der Nacht, wo das Meer° es verschlang°   15   screamed   ocean
Die Ersaufenden° nach ihren Sklaven.   swallowed
                                             the drowning
Der junge Alexander eroberte° Indien.   conquered
Er allein?
Cäsar schlug° die Gallier°.   defeated   the Gauls
Hatte er nicht wenigstens einen Koch bei sich?   20
Philipp von Spanien weinte°, als seine Flotte°   cried   fleet
Untergegangen° war. Weinte sonst niemand?   sunk
Friedrich der Zweite siegte° im Siebenjährigen Krieg. Wer   was victorious
Siegte außer ihm?
Jede Seite ein Sieg°.   25   every page a victory
Wer kochte den Siegesschmaus°?   victory banquet
Alle zehn Jahre ein großer Mann.
Wer bezahlte die Spesen°?   expenses
So viele Berichte°.   reports
So viele Fragen.   30

HEINRICH HEINE (1797–1856)

Die Lorelei

Ich weiß nicht, was soll es bedeuten°,   mean
Daß ich so traurig° bin;   sad
Ein Märchen aus alten Zeiten,   tale
Das kommt mir nicht aus dem Sinn°.   mind
Die Luft° ist kühl° und es dunkelt°,   5   air   cool   getting dark
Und ruhig fließt der Rhein;
Der Gipfel° des Berges funkelt°   top   glimmers
Im Abendsonnenschein.
Die schönste Jungfrau° sitzet   maiden
Dort oben wunderbar,   10
Ihr goldnes Geschmeide° blitzet°,   jewelry   sparkles
Sie kämmt° ihr goldenes Haar.   combs
Sie kämmt es mit goldenem Kamme,
Und singt ein Lied° dabei;   song
Das hat eine wundersame°,   15   wondrous
Gewaltige° Melodei.   powerful
Den Schiffer° im kleinen Schiffe   boatman
Ergreift es mit wildem Weh°;   is seized with wild
Er schaut nicht die Felsenriffe°,   passion
Er schaut nur hinauf in die Höh°.   20   rocky cliffs
                                             up

Ich glaube, die Wellen° verschlingen°   waves   devour
Am Ende Schiffer und Kahn°;   boat
Und das hat mit ihrem Singen
Die Lorelei getan.

Das Fräulein stand am Meere°   by the sea

Das Fräulein stand am Meere
Und seufzte lang und bang°,   sighed long, anxiously
Es rührte° sie so sehre   moved
Der Sonnenuntergang°.   sunset

„Mein Fräulein! sein Sie munter°,   5   cheerful
Das ist ein altes Stück°;   show
Hier vorne geht sie unter°   sets
Und kehrt von hinten zurück°."   returns

CHRISTIAN MORGENSTERN (1871–1914)

Der Lattenzaun°   The Picket Fence

Es war einmal ein Lattenzaun,
mit Zwischenraum°, hindurchzuschaun.   spacing between

Ein Architekt, der dieses sah,
stand eines Abends plötzlich da —

und nahm den Zwischenraum heraus   5
und baute draus ein großes Haus.

Der Zaun indessen° stand ganz dumm,   meanwhile
mit Latten ohne was herum.

Ein Anblick° gräßlich und gemein°.   sight   horrible and vulgar
Drum zog ihn der Senat auch ein°.   10   therefore   the senate
                                                             confiscated it
Der Architekt jedoch° entfloh°   however, fled
nach Afri-od-Ameriko.

JOACHIM RINGELNATZ (1883–1934)

Im Park

Ein ganz kleines Reh° stand am ganz kleinen Baum   deer
Still und verklärt° wie im Traum°.   transfigured   dream
Das war des Nachts elf Uhr zwei.
Und dann kam ich um vier
Morgens wieder vorbei,   5
Und da träumte noch immer das Tier°.   animal
Nun schlich° ich mich leise — ich atmete° kaum° —   sneaked   breathed
Gegen den Wind an den Baum,   hardly
Und gab dem Reh einen ganz kleinen Stips°.   nudge
Und da war es aus Gips°.   10   plaster

Laboratory Exercises

Unit I

1.1 Listen and repeat (Patterns, groups 1–3). After each sentence there will be a pause for you to repeat the sentence. You will then hear the sentence again. When you first listen to these sentences, keep your manual open and follow the text. Then listen to them again with your book closed until you no longer have any difficulty saying each sentence with the speaker's intonation and at normal speed. Follow this procedure with all "listen-and-repeat" exercises.

1/ KARIN: Ich komme aus Bonn. Und du? Kommst du auch aus Bonn?
INGRID: Ja, ich komme auch aus Bonn. Aber Erika kommt aus Köln.
KARIN: Nein, sie kommt aus Düsseldorf. Hans kommt aus Köln.

KARIN: Ingrid und ich, wir kommen beide aus Bonn.
Und ihr? Kommt ihr auch aus Bonn?
HELGA: Ja, wir kommen auch aus Bonn.
Aber Petra und Doris kommen aus Köln.
KARIN: Nein, sie kommen aus Düsseldorf.
Andrea und Gisela kommen aus Köln.

SCHMIDT: Ich wohne in Hamburg. Und Sie?
Wohnen Sie auch in Hamburg?
MÜLLER: Nein, ich wohne in Bremen.
Und wo wohnen Sie, Herr Meyer?
MEYER: Ich wohne in Lübeck.

2/ RICHARD: Ich heiße Richard. Wie heißt du?
INGRID: Ingrid. Und sie heißt Erika.
RICHARD: Und wie heißt er?
INGRID: Er heißt Hans.

PROFESSOR: Wie heißen Sie, bitte?
STUDENT: Ich heiße Schmidt, Kurt Schmidt.

SCHMIDT: Ich arbeite jetzt in München.
Und du? Wo arbeitest du jetzt?
MÜLLER: Ich arbeite in Frankfurt.
Meyer arbeitet auch in Frankfurt.

3/ Wo bist du heute abend, Inge?
Heute abend bin ich zu Hause.
Doris ist heute abend auch zu Hause.
Fritz und Dieter, wo seid ihr morgen?
Wir sind morgen in Köln.
Doris und Hans sind morgen auch in Köln.
Und wo sind Sie morgen, Herr Meyer?
Wie ist das Wetter?
—Es ist kalt und es regnet.
—Es ist warm.

1.2 Listen and repeat (Patterns, groups 4–6).

4/ Fritz ist leider in *Mün*chen.
     Leider ist Fritz in *Mün*chen.
   Doris kommt heute nach *Hau*se.
     Heute kommt *Do*ris nach Hause.
   Doris wohnt jetzt *auch* in München.
     Jetzt wohnt Doris *auch* in München.
   Sie arbeiten jetzt in *Mün*chen.
     Jetzt arbeiten sie in *Mün*chen.
   Sie bleiben übrigens heute abend zu *Hau*se.
     Heute abend bleiben sie übrigens zu *Hau*se.
     Übrigens bleiben sie heute abend zu *Hau*se.
   Fritz geht natürlich morgen abend ins *Ki*no.
     Morgen *a*bend geht Fritz natürlich ins *Ki*no.
     Na*tür*lich geht Fritz morgen abend ins *Ki*no.

5/ Ist Herr Keller in Berlin?
     Ja, er ist in Berlin.
     Nein, er ist in Köln.
   Heißt sie Müller?
     Ja, Ingrid Müller.
     Ja, sie heißt Ingrid Müller.
   Heißen Sie auch Müller?
     Nein, ich heiße Schmidt.
   Arbeitet Werner Keller in Köln?
     Ja, er arbeitet in Köln.
   Wer ist das?
     Das ist Thomas.
   Wann kommt Thomas nach Köln?
     Morgen.
     Er kommt morgen.
     Thomas kommt morgen.
     Thomas kommt morgen nach Köln.
   Wo ist er jetzt?
     In München.
     Er ist in München.
     Jetzt ist er in München.
   Warum ist er in München?
     Er studiert da.
   Was studiert Thomas?
     Medizin.
     Er studiert Medizin.
   Wie ist das Wetter in München?
     Schlecht.
     Das Wetter ist schlecht.

6/ Kommen Sie bitte.
   Gehen Sie nach Hause.
   Bleiben Sie heute abend zu Hause.

Studieren Sie Psychologie.
Trinken Sie Milch.
Seien Sie glücklich.

1.3 Listen and repeat (Patterns, groups 7–9).

7/ Das ist *Milch/Wein/Bier/Tee.*
Das Wetter ist *gut/schlecht.*
Es ist *warm/heiß/kalt.*

Hans kommt morgen.
Doris ist hier.

Fritz und Erika *Müller* wohnen in Deutschland.
Fritz studiert *Deutsch* und Psycho*logie.*
Erika studiert Medi*zin.*
Nächsten *Sommer* gehen sie nach A*merika.*

8/ Was *ist* das?
    Das ist *Kaffee.*
Wer ist *das?*
    Das ist Fritz *Müller.*
Wo *wohnt* er?
    Er wohnt in *Köln.*
Was machen Sie nächsten *Sommer?*
    Nächsten *Sommer* bleibe ich zu Hause.

Geht Hans heute ins *Kino?*	Ja, er geht heute ins *Kino.* Nein, er geht *morgen* ins Kino.
Wohnt Peter in *Ham*burg?	Ja, er wohnt in *Ham*burg. Nein, er wohnt in Ber*lin.*
Ist Kurt *Arzt?*	Ja, er ist *Arzt.* Nein, er ist *Lehrer.*
Ist Inge *Ärztin?*	Ja, sie ist *Ärztin.* Nein, sie ist *Lehrerin.*
Lernt Claudia jetzt *Deutsch?*	Ja, sie lernt jetzt *Deutsch.* Nein, sie lernt jetzt *Englisch.*
Erika ist heute in *Stuttgart?*	Ja, sie ist heute in *Stuttgart.* Nein, sie ist heute in *Köln.*
Erika ist *heute* in Stuttgart?	Ja, sie ist *heute* in Stuttgart. Nein, sie ist *morgen* in Stuttgart.
Erika ist heute in Stuttgart?	Ja, *sie* ist heute in Stuttgart. Nein, *Gisela* ist heute in Stuttgart.

9/ Wer *sind* Sie?   Ich bin Jane *Ray.*
   Wer *sind* Sie denn?

Wie *heißen* Sie?   Ich heiße *Ray,* John Ray.
   Wie *heißen* Sie denn?

Wann gehen Sie nach *Hause?*   Um *eins.* (Um *ein* Uhr.)
   Wann gehen Sie denn nach *Hause?*   Um *zwei.* (Um *zwei* Uhr.)

Was machen Sie heute *a*bend?	Ich gehe heute abend ins *Ki*no.
Was machen Sie denn heute *a*bend?	Heute abend gehe ich ins *Ki*no.
Wo sind Sie *mor*gen abend?	Zu *Hau*se.
Wo sind Sie denn *mor*gen abend?	In *Köln.*
Studieren Sie Psycholo*gie*?	*Ja*, natürlich.
Studieren Sie denn Psycholo*gie*?	*Nein*, Medi*zin.*

1.4 Dictation.

1.5 You will hear four sentences. In the first pause after each sentence, repeat the sentence. You will then hear the sentence again. In the second pause, switch word order by starting your own sentence with the last unit of the sentence you hear. You will then hear the sentence with the new word order.

You hear:	Wir arbeiten heute.
You say:	Wir arbeiten heute.
You hear again:	Wir arbeiten heute.
You say:	Heute arbeiten wir.
You hear:	Heute arbeiten wir.

1.6 You will now hear yes-or-no questions. In the pauses, give *affirmative* answers. After the pause, you will hear the answers that were expected of you. In the answers, substitute pronouns for personal names.

You hear:	Ist Herr Lenz in Köln?
You say:	Ja, er ist in Köln.

1.7 Now we want to find out whether you can form that yes-or-no question to which the statement you hear is the answer. For instance, the statement **Ja, es regnet** is the answer to the question **Regnet es?**, and it is this question which you are to form.

You hear:	Ja, es regnet.
You say:	Regnet es?
You then hear:	Regnet es?—Ja, es regnet.

1.8 You will hear ten short sentences. Change each assertion to a question by changing intonation. Do not change word order.

You hear:	Meyer ist intelli*gent.*
You say:	Meyer ist intelli*gent*?

1.9 Conversations. You will hear the conversations spoken at fairly **normal speed**. Listen to them carefully, first with your book open and then **with your book** closed.

HEIDI:	Guten Morgen, Gabi.
GABI:	Morgen Heidi. Wie geht's dir denn?
HEIDI:	Danke, gut. Und dir?
GABI:	Auch gut, danke.
FRAU BRAUN:	Tag, Frau Schulz.
FRAU SCHULZ:	Guten Tag, Frau Braun.
	Wie geht's Ihnen denn?
FRAU BRAUN:	Danke, gut, Und Ihnen?
FRAU SCHULZ:	Danke, auch gut.
FRITZ:	Auf Wiedersehen, Peter. Bis morgen.
PETER:	Wiedersehen, Fritz. Mach's gut.
INGE:	Also, mach's gut, Doris. Bis Montag.
DORIS:	Du auch, Inge. Tschüß.
FRAU DR. KLEIN:	Wie heißen Sie denn, bitte?
ERIKA MÜLLER:	Ich heiße Müller, Erika Müller.
FRAU DR. KLEIN:	Sie wohnen hier in Frankfurt, nicht wahr?
ERIKA MÜLLER:	Ja, ich wohne hier.
	Fichardstraße 23.
FRITZ MÜLLER:	Entschuldigung! Sind Sie Frau Dr. Klein?
FRAU DR. KLEIN:	Ja, —und Sie sind Fritz Müller, nicht wahr?
HANNELORE:	Übrigens, ich bin Hannelore Schulz. Und wie heißt du?
JOHN:	John Ray. Ich bin Amerikaner.
HANNELORE:	Oh, wirklich?
LUTZ:	Wie ist denn das Wetter in Hamburg heute?
JÜRGEN:	Schlecht, natürlich. Es regnet schon wieder.
LUTZ:	Hier in Frankfurt ist das Wetter gut. Es ist warm, und die Sonne scheint.

Unit 2

2.1 Listen and repeat (Patterns, groups 1–3).

1/ Ich habe Hunger.
   Hast du auch Hunger?
   Nein, aber ich habe Durst.

   Herr Meyer hat immer Durst.
   Es ist ein Uhr, und wir haben Hunger.
   Und natürlich habt ihr auch Durst, nicht wahr?
   Sie haben immer Durst.

2/ Ich gehe heute morgen in die Stadt.
Fährst du oder läufst du?
Ich glaube, ich laufe. Das Wetter ist heute so gut.
Aber Hans fährt heute nachmittag in die Stadt.
Ich bin heute nachmittag *auch* in der Stadt.
Heute abend fahren Hans und ich zusammen nach Hause.

Was essen sie? — Sie essen Brot und Wurst.
Er ißt Brot und Wurst und trinkt Bier.

Sie ißt *auch* Brot und Wurst, aber sie trinkt Wein.
Was ißt du? — Ich esse Käse, und ich esse auch Wurst.
Wann eßt ihr heute? — Wir essen um zwölf.

Herr und Frau Anders sind zu Hause und lesen.
Herr Anders liest ein Buch, und Frau Anders liest die Zeitung.
Frau Anders fragt: „Was liest du denn?"
Herr Anders antwortet: „Ich lese ein Buch von Heinrich Böll."

Wie wird das Wetter morgen?
Heute ist das Wetter schlecht; es ist kalt und es regnet.
Morgen wird es aber bestimmt gut; morgen scheint sicher die Sonne.

Wie alt bist du denn, Rudi? — Ich bin fünf, aber morgen werde ich sechs.
So, du wirst morgen sechs Jahre alt.
Und Fritzchen wird nächsten Samstag drei.

3/ Wer ist das?
Wissen Sie, wer das ist?
Nein, das weiß ich nicht.
Das ist Erika Müller. Kennen Sie Erika?
Nein, ich kenne Erika nicht, ich weiß nicht, wer sie ist.
Weißt du, wer sie ist?

2.2 Listen and repeat (Patterns, groups 4–6).

4/ Kennst du mich?
Natürlich kenne ich dich. Du bist der Rolf Berger, nicht wahr?

Kennen Sie uns, Herr Schmidt?
Natürlich kenne ich euch. Ihr seid Hedi und Margret, nicht wahr?

Das ist Herr Lang. Kennen Sie ihn?
Nein, ich kenne ihn nicht, aber ich weiß, wer er ist.
Das ist Frau Holle. Kennst du sie?
Nein, aber ich weiß, wer sie ist.
Wer ist denn das Kind? Ich kenne es nicht.

Hier kommen Hans und Erika. Kennen Sie sie?
Ich kenne Sie. Sie sind Herr Schmidt, nicht wahr?

Ich sehe sie im Spiegel.
Ich sehe mich im Spiegel.
Sie sieht sich im Spiegel.

Edwin und Erich sind Brüder, aber sie verstehen sich nicht.

Kennen Sie sich?
Natürlich kennen wir uns; wir sind Schwestern.

Ihr kennt euch nicht? Das ist Hans Müller und das ist Erich Schmidt.

5/ Wer fragt wen?
    Was fragt die Frau den Mann?
    Was fragt der Mann die Frau?
    Was fragt der Junge das Mädchen?
    Was fragt das Mädchen den Jungen?

Sehen Sie den Wagen?
Ja, der Wagen ist da drüben.
Seht ihr die Straßenbahn?
Ja, die Straßenbahn ist hier.
Siehst du das Motorrad?
Ja, das Motorrad ist da drüben.
Seht ihr die Fahrräder?
Ja, die Fahrräder sind da drüben.
Wo ist der Bus? Sehen Sie ihn?
Ja, er ist da drüben.
Wo ist die Straßenbahn? Sehen Sie sie?
Ja, sie ist hier.
Wo ist das Motorrad? Sehen Sie es?
Ja, es ist hier.
Wo sind die Fahrräder? Sehen Sie sie?
Ja, sie sind da drüben.

6/ Ich brauche einen Löffel.
    Hier ist ein Löffel.
    Ich brauche eine Gabel.
    Hier ist eine Gabel.
    Ich brauche ein Messer.
    Hier ist ein Messer.

Haben Sie Kinder?
Ich habe einen Sohn.
        eine Tochter.
        ein Kind.

Wen siehst du?
Ich sehe einen Herrn.
        Herrn Nagel.
        eine Dame.
        Frau Engel.
        ein Mädchen.
        Fräulein Hahn.

Was liest er?
Er liest einen Roman.
        eine Zeitung.
        ein Buch.

Was lest ihr?
Wir lesen Romane.
          Zeitungen.
          Bücher.

Was ist das?
Das ist ein Roman.
Das sind Romane.
Das ist eine Zeitung.
Das sind Zeitungen.
Das ist ein Buch.
Das sind Bücher.

2.3 You will hear eight sentences with a noun in the singular. Change these nouns to the plural and make corresponding changes in the verb forms.

2.4 Dictation.

2.5 Listen and repeat (Patterns, groups 8–10).

8/ Wer ist der Student?
Kennst du den Studenten?

Wer ist der Junge?
Kennst du den Jungen?

Wer ist der Herr?
Kennst du den Herrn?
Wer sind denn diese Herren?

9/ Margret Baum und Kurt Schmitz studieren Medizin; sie sind Medizinstudenten. Margret wird Ärztin; Kurt wird Arzt.

Willi Baumgärtner ist Lehrling bei Braun und Co., er wird Automechaniker. Die Lehrlinge bei Braun und Co. werden alle Automechaniker.

Ursula Nagel wird Laborantin.
Und was wirst du, Lilo? —Ich werde Lehrerin.

Herr Straub ist Österreicher, aber seine Frau ist Engländerin. Sie kommt aus London, und er ist Salzburger.

John Ray ist Demokrat, und Jane Ray ist Republikanerin.

10/ Wo wohnst du?
Adenauerstraße 67 (siebenundsechzig).
Ist das das Studentenheim?
Ja, das ist das Adenauerhaus.
Wieviele Studenten wohnen dort?
80 (achtzig).
Habt ihr viele Ausländer?
Ja, 43 (dreiundvierzig). Das Heim ist sehr international. Wir sind 3 (drei) Amerikaner und 2 (zwei) Amerikanerinnen, und wir haben 5 (fünf) Engländer, 16 (sechzehn) Schweizer und 17 (siebzehn) Österreicher.
Du weißt wirklich alles.

2.6 Dictation.

2.7 You will now hear the conversations spoken at normal speed. Listen to them carefully, first with your book open and then with it closed.

I

HELMUT: Was machst du dieses Wochenende? Fährst du nach Hause?

HELGA: Ja. Mein Vater hat Sonntag Geburtstag. Mein Bruder kommt aus Hamburg nach Hause, und meine Schwester kommt aus München. Und du? Fährst du auch nach Hause?

HELMUT: Nein, ich bleibe hier und lese.
Das heißt, heute abend gehe ich ins Theater.

HELGA: Was liest du denn?

HELMUT: Thomas Mann und James Joyce, für das Seminar nächste Woche.

II

HELMUT: Nimmst du den Bus oder den Zug?

HELGA: Ich glaube, ich nehme heute den Bus.

HELMUT: Wann fährt denn der Bus?

HELGA: Um sechs. Dann bin ich um acht zu Hause.

HELMUT: Also mach's gut. Schönes Wochenende.

HELGA: Tschüß. Bis Montag.

III

BIRGIT: Hier kommt die Sylvia. Ihr kennt euch doch?

URSULA: Natürlich kennen wir uns. Wir sehen uns doch jeden Tag im Labor.

BIRGIT: Ach ja, ihr seid ja beide in Bio.

SYLVIA: Tag, Birgit. Tag, Ursula. Was macht ihr denn jetzt?

URSULA: Ich weiß nicht. Wieviel Uhr ist es denn?

SYLVIA: Zwölf. Ich gehe jetzt essen, ich habe Hunger.

BIRGIT: Ich auch. Fährst du in die Stadt oder ißt du hier?

SYLVIA: Ich glaube, ich bleibe heute hier.

URSULA: Dann essen wir doch zusammen.

2.8 Reading: Mitteleuropa. Now listen to the reading selection of Unit 2; you will hear it at normal speed.

Mitteleuropa

Mitteleuropa ist das Gebiet „in der Mitte von Europa", aber „Mitteleuropa" ist nicht identisch mit „Deutschland". Es gibt heute kein Land mehr, das Deutschland heißt. Es gibt zwei Staaten, die das Wort „deutsch" in ihrem Namen haben, die Bundesrepublik Deutschland (BRD) und die Deutsche Demokratische Republik (DDR). Aber nicht nur in der BRD und in der DDR spricht man Deutsch; die Republik Österreich ist ein deutschsprachiges Land, und drei Viertel der Menschen in der Schweiz sprechen Deutsch.

Diese vier Länder sind ungefähr das, was wir Mitteleuropa nennen. Aber dieses Mitteleuropa ist keine politische Einheit: die Bundesrepublik gehört zum Westen, zur Europäischen Gemeinschaft (EG); die DDR gehört zum sozialistischen „Ostblock", und Österreich und die Schweiz sind politisch neutral. „Mitteleuropa" ist eher ein kulturelles Konzept; seine historische Tradition basiert auf der Sprache, die alle Mitteleuropäer sprechen: der deutschen Sprache. Wenn also Mitteleuropa, so wie wir es definieren, mit irgendetwas identisch ist, dann ist es identisch mit dem deutschen Sprachraum.

Unit 3

3.1 Listen and repeat (Patterns, group 2).

2/ **Das Bier**	ist	wirklich	gut	hier in München.
Es	*reg*net.			
Die *Son*ne	scheint.			
Karl	kommt	heute abend.		
Heute	ist	das Wetter	sehr *schlecht.*	
Ursula	ist	jetzt	*Lehr*erin.	
Margret	wird		Ärztin.	
Frau Meyer	ist		zu *Hau*se.	
Er	wohnt		in Ber*lin.*	
Meine Freundin	geht	heute bestimmt	ins Mu*se*um.	
Der Zug	fährt	um 6 Uhr 5	*ab.*	
Hoffentlich	lernt	Otto jetzt	*fah*ren.	
Wir	gehen	übrigens	ins *Ki*no	heute abend.
Der Wein	ist	wirklich	*gut*	hier in Burgbach.
Wann	kommt	der Zug denn	*an?*	
	Fährt	der Zug jetzt	*ab?*	
	Fahren	Sie doch bitte jetzt	*ab.*	

3.2 Dictation.

3.3 The sentences you will now hear all contain a compound verb and therefore, at the end of the sentence, a second prong. After hearing each sentence, repeat it by exchanging the unit in the front field with the *first* unit in the inner field. You will then hear the sentence as it was expected of you.

You hear: Erika geht heute ins Theater.
You say: Heute geht Erika ins Theater.

3.4 Listen and repeat (Patterns, groups 4–6).

4/ Regnet es?   Nein, es regnet   nicht.

     Ist der Roman interessant?   Nein, er ist   nicht interessant.

     Ist die Milch sauer?   Nein, sie ist   nicht sauer.

     Bleibt das Wetter gut?   Nein, es bleibt bestimmt   nicht gut.

     Ist Herr Meyer heute in München?   Nein, er ist heute   nicht in München.

     Bleibst du heute zu Hause?   Nein, ich bleibe heute   nicht zu Hause.

     Wohnen Sie in Nürnberg?   Nein, ich wohne   nicht in Nürnberg.

     Fliegen Sie morgen nach München?   Nein, wir fliegen morgen   nicht nach München.

     Geht ihr heute abend ins Kino?   Nein, wir gehen heute abend   nicht ins Kino.

     Gehst du heute abend aus?   Nein, ich gehe heute abend   nicht aus.

     Gehen Sie jetzt einkaufen?   Nein, wir gehen jetzt   nicht einkaufen.

5/ Ist das Ulrike?   Nein, das ist   nicht Ulrike.

     Ist das deine Freundin Erika?   Nein, das ist   nicht meine Freundin Erika.

     Ist das unser Bus?   Nein, das ist   nicht unser Bus.

     Heißt das Kind Fritz?   Nein, es heißt   nicht Fritz.

     Ist das ein Supermarkt?   Nein, das ist   kein Supermarkt.

     Ist das eine Apotheke?   Nein, das ist   keine Apotheke.

     Ist das Wein?   Nein, das ist   kein Wein.

     Sind das Brötchen?   Nein, das sind   keine Brötchen.

     Ist er Student?   Nein, er ist   nicht Student.

          Nein, er ist   kein Student.

     Ist Herr Strobl Österreicher?   Nein, er ist   nicht Österreicher.

          Nein, er ist   kein Österreicher.

6/ Siehst du den Jungen da drüben?   Nein, ich sehe den Jungen   nicht.

          Nein, ich sehe ihn   nicht.

          Nein, ich sehe keinen Jungen.

     Brauchst du deinen Wagen?   Nein, ich brauche meinen Wagen   nicht.

          Nein, ich brauche ihn   nicht.

     Kennen Sie meine Eltern?   Nein, ich kenne ihre Eltern   nicht.

          Nein, ich kenne sie   nicht.

     Kennst du Frau Schmidt?   Nein, ich kenne Frau Schmidt   nicht.

          Nein, ich kenne sie   nicht.

     Trinkst du Milch?   Nein, ich trinke keine Milch.

     Trinken Sie Kaffee, Frau Meyer?   Nein, ich trinke keinen Kaffee.

     Ißt er Käse?   Nein, er ißt keinen Käse.

     Ißt sie Brötchen?   Nein, sie ißt keine Brötchen.

     Haben Sie einen Sohn?   Nein, wir haben keinen Sohn.

Hat er eine Tochter?	Nein, er hat keine Tochter.	
Hat sie ein Kind?	Nein, sie hat kein Kind.	
Haben sie Kinder?	Nein, sie haben keine Kinder.	
Habt ihr ein Auto?	Nein, wir haben kein Auto.	
Fährt sie sein Auto?	Nein, sie fährt sein Auto	nicht.
Fährt sie Auto?	Nein, sie fährt	nicht Auto.

3.5 You will now hear eight questions. Starting with **nein**, give a negative answer to each question. In your answer put the main syntactical stress on the first prong.

> You hear: Hast du einen *Freund*?
> You say: Nein, ich *ha*be keinen Freund.

3.6 You will now hear fifteen affirmative sentences. Negate these sentences by using **nicht** without shifting the position of any of the syntactical units.

> You hear: Erikas Vater ist müde.
> You say: Erikas Vater ist *nicht* müde.

3.7 Conversation 1. You will hear the conversation at normal speed.

> JOHN RAY: Bitte, wie komme ich zum Hauptbahnhof?
> EINE FRAU: Da gehen Sie gleich hier rechts um die Ecke, dann drei Straßen geradeaus, dann links immer die Theodor-Heuss-Allee runter, und dann sind Sie gleich da.
> JOHN RAY: Bitte, sprechen Sie etwas langsamer. Ich kann Sie nicht verstehen; ich bin Ausländer.
> FRAU: Sind Sie Engländer?
> JOHN RAY: Nein, Amerikaner. Ich bin erst eine Woche in Deutschland.
> FRAU: Also gut. Hier rechts, dann drei Straßen weiter, dann kommt die Theodor-Heuss-Allee. Gehen Sie links zum Bahnhof.
> JOHN RAY: Jetzt verstehe ich, jetzt sprechen Sie nicht so schnell. Vielen Dank.
> FRAU: OK. Wiedersehen.
> JOHN RAY: Auf Wiedersehen.

3.8 Reading: **Schweinefleisch**. You will hear the reading selection at normal speed. Try to read the text aloud, along with the speaker.

Schweinefleisch

Ein Amerikaner, John Ray aus Detroit, zwanzig Jahre alt, Collegestudent und neu in Deutschland, steht in einer Metzgerei in Ulm (oder Stuttgart oder Sindelfingen) und wartet. Es ist zehn Uhr morgens, und alle deutschen Hausfrauen kaufen ein. Vor ihm stehen zehn Frauen und sprechen Dialekt. Er versteht kein Wort, denn er ist ja noch nicht lange in Deutschland. Aber er liest: „Heute besonders billig—Schweinefleisch, 500 g DM 5,80."

Schweinefleisch, das versteht er nicht. Er nimmt sein Taschenwörterbuch und sucht: **das Schwein,-e**, *swine*, und **das Fleisch**, *flesh*. „Brrr", denkt er, „und die Deutschen essen das?"

(Die Deutschen sagen aber nicht „brrr", wenn sie Schweinefleisch essen, denn für *pork* gibt es im Deutschen kein anderes Wort.)

Dann findet er, daß Schwein nicht nur *swine*, sondern auch *pig* und *pork* ist, und Fleisch ist auch *meat*. „Aha", denkt er, „also *pork meat*, oder einfach *pork*." Aber er wartet immer noch, und vor ihm stehen noch immer fünf Hausfrauen und sprechen Schwäbisch.

„Ja, bitte, der Herr", sagt plötzlich die Metzgersfrau, „*auch* ein Pfund Schweinefleisch? Ganz frisch—und sehr billig heute, nur fünf Mark achtzig das Pfund. Oder lieber ein Roastbeef oder ein Steak?" (Sie sagt „Rostbehf" und „Schtehk".)

„Nein, danke", sagt er, „kein Schweinefleisch, aber geben Sie mir bitte 100 g Leberwurst."

„Gern", sagt die Metzgersfrau.—„So, das macht eine Mark achtzig."

„Bitte", sagt John jetzt, „sagen Sie, wo ist hier eine Bäckerei? Ich brauche Brötchen. Ich habe heute noch nichts gegessen."

„Brötchen kriegen Sie hier bei uns, ganz frisch, von heute morgen." Jetzt versteht er sogar ihren schwäbischen Dialekt.

Er bezahlt und geht. Zehn Minuten später sitzt er im Park auf einer Bank (gegenüber ist ein Supermarkt), ißt seine Brötchen und seine Wurst und trinkt eine Flasche Bier. Beim Essen studiert er sein Wörterbuch. Er sagt jetzt nicht mehr „brrr" (die Wurst ist sehr gut), er sagt jetzt, „Aha: Ochsenfleisch ist nicht *ox flesh*, es ist *beef*, und Kalbfleisch ist *veal*. Aha," denkt er wieder, „*pork, beef, veal*, diese Wörter kommen aus dem Französischen, und *swine, ox* und *calf* sind germanisch."

Vom Denken und vom Essen und Trinken wird er müde. Bald liegt er auf der Bank, eine Zeitung über dem Gesicht, und schläft ein. Dann träumt er von dicken, fetten, rosigen Schweinen auf einer grünen Wiese.

Unit 4

4.1 Listen and repeat (Patterns, groups 1–7).

1/ SONJA:	Du, Silke, wir machen heute abend eine Party. Kannst du kommen?
SILKE:	Natürlich kann ich kommen. Kommt Jürgen auch?
SONJA:	Nein, der Jürgen kann leider nicht kommen.
SILKE:	Und Thomas?
SONJA:	Der kann auch nicht.

Könnt ihr heute abend kommen?—Natürlich können wir heute abend kommen, und Hans und Therese können auch kommen.

DR. SCHULTE:	Können Sie Deutsch, Frau Ray?
JANE RAY:	Ja, ich kann Deutsch, ich kann auch Französisch.
DR. SCHULTE:	Und Ihr Bruder John, kann er auch Deutsch?
JANE RAY:	Nein, er kann leider kein Deutsch; aber ich weiß, er kann Spanisch und Italienisch.

Jane Ray kann Deutsch sehr gut verstehen; sie kann Deutsch lesen und sprechen, aber sie kann es nicht sehr gut schreiben.

2/
HERR OTT:	Ich gehe jetzt schlafen. Ich muß morgen sehr früh aufstehen.
FRAU OTT:	Wann mußt du denn aufstehen?
HERR OTT:	Um halb sechs. Ich muß um acht in Augsburg sein, und bei dem Regen muß man langsam fahren.
FRAU OTT:	Aber gegen sechs mußt du zurück sein, denn morgen abend müssen wir ins Theater.

3/
GISELA:	Wir wollen heute abend ins Kino gehen. Willst du mitgehen?
INGRID:	Ich kann leider nicht, aber ich kann Andrea fragen. Vielleicht will *sie* mitgehen.

4/
MÜLLER:	Herr Meyer, der Chef sagt, Sie sollen morgen nach Hannover fahren.
MEYER:	Warum soll *ich* denn nach Hannover fahren? Warum fährt denn der Schmidt nicht?
MÜLLER:	*Der* soll morgen nach *Lüneburg*.

5/
OBER:	Was möchten Sie trinken?
HERR MEYER:	Ich möchte ein Bier. Und was möchtest du, Erna?
FRAU MEYER:	Ich möchte lieber ein Glas Wein.
OBER:	Einen weißen oder einen roten, gnädige Frau?
FRAU MEYER:	Haben Sie einen Gumpoldskirchner?

6/
FRAU MEYER:	Hier darfst du aber nicht parken, Hermann.
HERR MEYER:	Doch, Erna, ich glaube, ich darf hier parken.
FRAU MEYER:	Ich weiß nicht. Du kannst ja mal den Polizisten fragen.
HERR MEYER:	Entschuldigung. Darf man hier parken?
POLIZIST:	Nein, aber fahren Sie doch um den Bahnhof. Da ist ein Parkplatz. Da dürfen Sie zwei Stunden parken.

7/ Es ist zehn Uhr, und die Sonne scheint, aber Hans scheint noch zu schlafen.

Warum? Braucht er heute nicht zu arbeiten?

Doch, aber erst heute nachmittag. Also braucht er heute nicht früh aufzustehen.

Ich muß immer früh aufstehen. Ich muß mehr arbeiten als Hans. Ich brauche das Geld.

4.2 You will hear ten sentences followed by the infinitive of a modal. Restate these sentences, using the proper form of the modal.

        You hear: Ich gehe nach Hause. (müssen)
        You say: Ich muß nach Hause gehen.

4.3 You will hear fifteen affirmative sentences or questions. Negate them by using either **kein** or **nicht**.

        You hear: Er scheint Geld zu haben.
        You say: Er scheint kein Geld zu haben.

        You hear: Sie scheint nett zu sein.
        You say: Sie scheint nicht nett zu sein.

4.4 Listen and repeat (Patterns, groups 9–10).

    9/ Du fährst morgen nach Italien? *Ich* kann *nicht* nach Italien fahren.
       Hast *du Geld? Ich* habe *kein* Geld.
       Trinken Meyers *Kaf*fee? — *Sie ja*, aber *er nicht.*
       Ist er intelli*gent* oder interess*ant*? — Intelli*gent ist* er, aber interess*ant* ist
          er *nicht.*
       Kennen Sie Fritz *Enders*, Frau *Holl*mann? — Nein, seine *Mut*ter kenne ich
          gut, aber *ihn* kenne ich *nicht.*
       Ich höre, dein Bruder studiert Psycholo*gie.* Was studierst *du* denn? — *Ich*
          studiere Medi*zin.*
       Petra und Renate fahren nächsten Sommer nach Frankreich und Spanien.
          — Können sie denn Französisch und Spanisch? — *Pe*tra kann Franzö-
          sisch, und Re*na*te kann *Spa*nisch.

    10/ Das ist *Was*ser. Das ist *kein* Wasser. *Was*ser ist das *nicht.*
       Meyers haben einen *Sohn.* Meyers haben *kei*nen Sohn. Einen *Sohn* haben
          Meyers *nicht.*
       Wir gehen ins *Ki*no. Nein, wir gehen *nicht* ins Kino. Ins *Ki*no gehen wir
          nicht.

       Du fährst morgen nach *Mün*chen? Nein, ich fahre morgen *nicht* nach
          München. Nein, *ich* fahre morgen *nicht* nach München. Nein, nach
          *Mün*chen fahre ich morgen *nicht.*

4.5 You will hear ten affirmative sentences with only one strongly stressed syllable. By shifting the element with this strongly stressed syllable into the front field and using a stressed **nicht** for negation, pronounce these sentences with contrast intonation.

        You hear: Sie hat *Geld.*
        You say: *Geld* hat sie *nicht.*

4.6 You will now hear ten negative statements with contrast intonation. In each case, the subject follows the inflected verb. Repeat the negative statement, but start your sentence with the subject.

> You hear: Einen *Sohn* haben Meyers *nicht.*
> You say: Meyers haben *kein*en Sohn.

4.7 Dictation.

4.8 Conversation I.

Unit 5

5.1 Listen and repeat (Patterns, groups 1 and 4).

> 1/ Guten Tag, Edgar. Wie geht's dir denn?
>   Danke, es geht mir gut.
>   Danke, mir geht's gut.
>   Danke, gut.
>   Und dir?
>
>   Wie geht's denn Schmidts?
>   *Ihm* geht's *gut,* aber *ihr* geht's *schlecht.* Sie hat die Grippe.
>
>   Na, ihr beiden, wie geht's euch denn?
>   Uns geht's immer gut.
>
>   Und wie geht es Ihnen, Herr Doktor?
>
> 4/ Der Verkäufer zeigt dem Kunden einen Photoapparat.
>   Ich möchte meinem Sohn eine Kamera zum Geburtstag schenken.
>   Geben Sie Ihrem Sohn doch eine Filmkamera.
>   Nein, zum Geburtstag möchte ich ihm einen Photoapparat geben.
>   Eine Filmkamera will ich ihm zu Weihnachten kaufen.
>   Darf ich Ihnen diese 35 mm-Kamera anbieten? Ein Bestseller, und gar
>   nicht teuer.
>   Diesen Apparat empfehle ich vielen Kunden.
>   Ich kann Ihnen den Apparat leihen, Herr Schulte,—zum Ausprobieren.
>   Sie können ihn mir morgen zurückbringen.
>   Ja, geben Sie mir die Kamera bis morgen. Vielen Dank.
>   Ich wünsche Ihnen viel Erfolg beim Fotografieren.
>
>   Ich kaufe mir einen Roman von Schmidt-Ingelheim.
>   Meine Tochter kauft sich einen Roman von Schmidt-Ingelheim.
>
>   Zu Weihnachten wünsche ich mir einen Fernseher.
>   Zu Weihnachten wünscht sich meine Frau einen Fernseher.
>
>   Meyer sagt, er fährt nächste Woche nach Spanien, aber das glaube ich
>   ihm nicht.

Meyer sagt, morgen soll es regnen, aber das glaube ich nicht. Man kann ihm nie glauben.

Sagen Sie ihm, er soll kommen.
Fragen Sie ihn doch; er antwortet Ihnen bestimmt.

5.2 Restate the following assertions and questions by using the verb **gehören**.

You hear: Das ist dein Wagen.
You say: Er gehört dir.

5.3 Listen and repeat (Patterns, group 5).

5/ Wo kommst du her? Woher kommst du?
    —Aus dem Kino.
    —Aus der Schweiz.
Wir sind alle hier außer meinem Vater.
Hans ist heute bei seinen Großeltern.
Bianca wohnt jetzt bei Tante Amalie.
Tante Amalie wohnt in Bad Homburg bei Frankfurt.
Frau Meyer ist nicht hier; sie ist beim Arzt.
Um ein Uhr sind wir beim Essen.
Mit wem gehst du ins Kino?
    —Mit Erika Hoffmann.
    —Mit ihr? —Mit der?
Wo fährst du hin? Wohin fährst du?
    —Nach Österreich. —Nach Lübeck.
Nach diesem Semester geht er nach Frankreich.
Wie spät ist es jetzt? —Es ist zehn nach sechs, und ich muß nach Hause.
Seit wann bist du denn hier?
    —Seit einer Stunde. —Seit einem Jahr.
Von wem hast du denn das Buch?
    —Von meinem Bruder. —Von meiner Tante.
Ich gehe zu meinem Onkel.
Diese Straßenbahn fährt zum Bahnhof.
Um halb sieben gehen wir zum Essen.
Jeden Sonntagabend ist er zu Hause.

5.4 Dictation.

5.5 Conversation I.

Unit 6

6.1 Listen and repeat (Patterns, group 1).

> 1/ Ich habe Frau Enderle letztes Jahr in Stuttgart kennengelernt.
> Vor drei Wochen habe ich ihr von Wien aus einen Brief geschrieben.
> Sie hat mich zu einem Besuch in Burgbach eingeladen.
> Gestern habe ich sie und ihre Familie besucht.
> Ich habe den Nachtzug von Wien nach Stuttgart genommen.
> Dann bin ich gestern morgen mit dem Personenzug nach Burgbach
>   gefahren.
> Frau Enderle hat mich mit dem Wagen am Bahnhof abgeholt.
> Auf dem Weg zu ihrem Haus haben wir eingekauft.
> Das Haus haben Enderles erst vor vier Jahren gebaut.
> Vorher haben sie zwölf Jahre lang bei den Eltern von Herrn Enderle
>   gewohnt.
> Frau Enderle hat mir das Haus gezeigt, und ich habe ihren Garten be-
>   wundert.
> Dann habe ich ihr in der Küche geholfen.
> Um ein Uhr sind die Kinder aus der Schule gekommen, und wir haben
>   zu Mittag gegessen.
> Nach dem Mittagessen haben wir lange im Wohnzimmer gesessen und
>   haben geplaudert.
> Die Kinder sind schwimmen gegangen.
> Um halb fünf haben wir eine Tasse Kaffee getrunken und ein Stück
>   Kuchen gegessen.
> Herr Enderle ist erst um Viertel nach sechs nach Hause gekommen, und
>   um dreiviertel sieben haben wir zu Abend gegessen.
> Nach dem Abendessen sind wir spazierengegangen.
> Auf einem Hügel über dem Dorf haben wir lange auf einer Bank gesessen,
>   und Herr und Frau Enderle haben mir viel über das Leben in Burgbach
>   erzählt.

6.2 You will hear short sentences in the present tense. Repeat these sentences in
the perfect tense.

> You hear: Ich lese.
> You say: Ich habe gelesen.

6.3 You will again hear short sentences in the present tense. Repeat these sentences in the perfect tense.

> You hear: Ich lese.
> You say: Ich habe gelesen.

6.4 Listen and repeat (Patterns, groups 3–5).

> 3/ Herr Lenz ist heute in Saarbrücken.—Gestern war er in Trier.
> Wo warst du gestern, Inge?—Ich war in Frankfurt.
> Wir waren gestern auch in Frankfurt.—Wo wart ihr gestern?
> Wo waren Sie denn, Herr Lenz? Ich war gestern krank und bin zu Hause
>   geblieben.

4/ Ich fahre heute nach Berchtesgaden; gestern hatte ich keine Zeit.
Warum hattest du denn keine Zeit?
Herr Lenz hatte auch keine Zeit. Wir hatten alle zu viel zu tun.
Was, ihr hattet keine Zeit?
Sie hatten alle zu viel zu tun.

5/ Konntest du nicht ein bißchen früher nach Hause kommen?
Ich wollte ja heute schon um zwei Uhr zu Hause sein.
Aber wir mußten noch einen Bericht schreiben. Der sollte schon gestern
fertig sein und durfte auf keinen Fall bis morgen liegen bleiben.
Wir mußten sogar über die Mittagszeit im Büro bleiben, denn wir
wollten um fünf Uhr fertig sein.
Konntet ihr denn wenigstens im Büro etwas zu essen kriegen?
Aber natürlich. Wir haben Wurst- und Käsebrote gegessen.

6.5 You will now hear short sentences with the present tense of **sein, haben**, and
the modals. Repeat these sentences in the past tense and not in the perfect
tense.

6.6 Dictation.

6.7 Conversations I–II.

Unit 7

7.1 Listen and repeat (Patterns, groups 1–2).

1/ Ich lebte damals noch zu Hause und studierte in Stuttgart.
Meine Frau wohnte seit 1958 in Hamburg und studierte dort an der
Universität.
In den Sommerferien arbeitete sie an der Ostee, in einem Sportgeschäft in
Travemünde.
Dort lernte ich sie kennen.
Jede Woche kaufte ich mindestens ein Paar Tennisschuhe.
Ich glaube, sie wußte, daß ich die Tennisschuhe nicht kaufte, weil ich sie
brauchte.
Aber sie sagte nichts; sie lachte nur.
Eines Tages brachte ich ihr eine Rose.
Ich dachte immer an sie.
Im Winter besuchte sie mich in Burgbach.
Wir heirateten ein Jahr später.

2/ Es begann 1959 in Travemünde.
Er kam jeden Tag ins Sportgeschäft.
Zuerst fand ich ihn einfach sehr nett.
Dann gefiel er mir immer besser.
Ich bekam Herzklopfen, wenn ich ihn sah.

Er schien Student zu sein, aber ich wußte zuerst nicht, wie er hieß.

Er sprach mit einem Akzent—Schwäbisch, fand ich später heraus—, und seine Stimme klang sehr sympathisch.

An einem Samstag bat er mich, mit ihm auszugehen.

In einem Fischlokal saß er mir gegenüber.

Wir aßen Flundern und tranken Moselwein, und er sprach von Burgbach und von seiner Familie.

Er lud mich ein, ihn dort zu besuchen.

Wir blieben beide bis Ende September in Travemünde.

Dann ging ich nach Hamburg zurück, und er fuhr nach Hause.

Ich versprach, ihm oft zu schreiben.

Er schrieb mir jede Woche einen Brief und rief mich auch manchmal an.

Weihnachten sah ich ihn wieder.

Später wurde er Ingenieur, und ich wurde Studienrätin.

7.2 Dictation.

7.3 You will now hear sentences in the present tense. Change these sentences to the past tense and add **damals**.

    You hear: Es regnet sehr oft.
    You say: Es regnete damals sehr oft.

7.4 You will again hear sentences in the present tense. Change to the past tense and add **damals**.

    You hear: Sie bleiben zu Hause.
    You say: Sie blieben damals zu Hause.

7.5 Conversations I–IV.

7.6 Reading: **Beim Kölner Karneval**.

Unit 8

8.1 You will hear ten statements. Repeat these statements by starting them with **Ich weiß, daß** . . . .

    You hear: Er bleibt heute abend zu Hause.
    You say: Ich weiß, daß er heute abend zu Hause bleibt.

8.2 You will hear eight questions. Repeat these questions by starting them with **Weißt du**, . . . and by leaving out **denn**.

    You hear: Wo ist er denn?
    You say: Weißt du, wo er ist?

8.3 You will hear ten pairs of short sentences. Combine these pairs into open conditions, always beginning with **wenn**.

    You hear: Er kommt. Er ist um vier Uhr hier.
    You say: Wenn er kommt, ist er um vier Uhr hier.

8.4 You will hear ten short sentences like **Ich gehe ins Kino**. Transform these into open conditions by inserting **nur** before the second prong—**Ich gehe nur ins Kino**—and adding: **wenn du auch ins Kino gehst**.

    You hear: Ich fahre nach Köln.
    You say: Ich fahre *nur* nach Köln, wenn du *auch* nach Köln fährst.

8.5 You will hear fifteen assertions. Replace them by imperatives.

    You hear: Du sollst vorsichtig sein.
    You say: Sei vorsichtig.

8.6 Change the following sentences to the future tense.

    You hear: Ich fahre morgen nach Berlin.
    You say: Ich werde morgen nach Berlin fahren.

8.7 Dictation.

8.8 Conversations I–IV.

Unit 9

9.1 You will hear ten short questions. Restate them as wishes, in the subjunctive and starting with **Ich wollte, ...**

    You hear: Gehst du mit?
    You say: Ich wollte, du würdest mitgehen.

9.2 You will hear ten positive statements. Restate these as negative wishes in the subjunctive, starting with **Ich wünschte, ...**

    You hear: Wir wohnen auf dem Land.
    You say: Ich wünschte, wir wohnten nicht auf dem Land.

9.3 You will hear five pairs of short sentences. Combine these sentences to form contrary-to-fact conditions. Start with the **wenn**-clause.

    You hear: Das Wetter ist gut. Wir fahren in die Berge.
    You say: Wenn das Wetter nicht gut wäre, führen wir nicht in die Berge.

9.4 Change the following statements to wishes in the past subjunctive.

You hear: Er hat mir nicht geschrieben.
You say: Ich wollte, er hätte mir geschrieben.

9.5 You will hear three pairs of sentences. Change each pair into an irreal **wenn**-clause with the past subjunctive.

You hear: Sie hat mir nicht geschrieben.
            Ich habe ihr auch nicht geschrieben.
You say: Wenn sie mir geschrieben hätte, hätte ich ihr auch geschrieben.

9.6 You will hear ten short sentences in the indicative. Restate these sentences as wishes starting with **Ich wollte**. Use first the present subjunctive and then the past subjunctive.

You hear: Er ist hier.
You say: Ich wollte, er wäre hier.
You say: Ich wollte, er wäre hier gewesen.

9.7 You will hear ten wishes contrary to fact in the present time. Repeat the sentences and add a statement about the actual facts in the present indicative, starting with **aber**. Change affirmative to negative, and negative to affirmative statements.

You hear: Ich wollte, du wärst hier.
You say: Ich wollte, du wärst hier, aber du *bist* nicht hier.

9.8 Dictation.

9.9 Conversations I–III.

Unit 10

10.1 You will hear sentences containing an adverbial phrase of place. Formulate questions asking for these locations, using either **wo** or **wohin**.

You hear: Er wohnt seit Jahren an der Riviera.
You ask: Wo wohnt er?
Then you hear: Wo wohnt er? – An der Riviera.

                 or

You hear: Mein Hund läuft immer unter den Tisch.
You ask: Wo läuft er hin? *or:* Wohin läuft er?
Then you hear: Wo läuft er hin? – Unter den Tisch.

10.2 You will hear sentences with an adverbial phrase of place, followed by a **wo**-question. Answer this question; be sure to change the adverbial phrase from accusative to dative.

> You hear: Sie ist ins Haus gegangen. — Wo ist sie jetzt?
> You say: Sie ist im Haus.
> Then you hear: Wo ist sie jetzt? — Sie ist im Haus.

10.3 Dictation.

10.4 Dictation.

10.5 You will hear sentences containing **ein**-words followed by a noun. Restate the sentences, leaving out these nouns.

> You hear: Wir haben schon ein Auto.
> You say: Wir haben schon eins.

10.6 You will hear ten sentences. Negate these sentences by using **gar nicht, gar kein**, or **gar nichts**.

> You hear: Ich habe gestern gut geschlafen.
> You say: Ich habe gestern gar nicht gut geschlafen.

10.7 Conversations I–IV.

Unit II

11.1 Restate the following sentences in indirect discourse, starting with **Sabine sagte,** . . . .

> You hear: Ich habe Hunger.
> You say: Sabine sagte, sie hätte Hunger.

11.2 You will now hear another ten sentences. Restate these sentences in indirect discourse, again starting with **Sabine sagte,** . . . , but this time use only **würde**-forms.

> You hear: Ich besuche euch bald.
> You say: Sabine sagte, sie würde uns bald besuchen.

11.3 Restate the following sentences in indirect discourse. Use the past subjunctive, starting with **Er sagte, daß** . . . .

> You hear: Ich habe in Hamburg studiert.
> You say: Er sagte, daß er in Hamburg studiert hätte.

11.4 You will hear ten questions. Restate these as indirect questions, starting
      with **Er wollte wissen,** . . . . Make sure that you use the correct subjunctive
      forms (present, past, or **würde**-forms).

      You hear: Kommst du nach Zürich?
      You say: Er wollte wissen, ob ich nach Zürich käme.
      You hear: Wann bist du nach Zürich gekommen?
      You say: Er wollte wissen, wann ich nach Zürich gekommen wäre.

11.5 You will hear ten statements. Change these to indirect discourse, starting
      with **Er sagte,** . . . . You will then hear the sentences again. Change them
      again to indirect discourse, but this time starting with **Er sagte, daß** . . . .

      You hear: Ich komme nicht.
      You say: Er sagte, er käme nicht.

      You hear: Ich komme nicht.
      You say: Er sagte, daß er nicht käme.

11.6 You will hear eight yes-or-no questions. Change to indirect questions intro-
      duced by **Ich möchte wissen, ob** . . . .

      You hear: War sie denn schon im Haus?
      You say: Ich möchte wissen, ob sie schon im Haus war.

11.7 You will hear five pairs of sentences. Restate these, using the second one as
      the introductory statement to an **als ob** clause. Note that some sentences
      will have to start with **Er tut,** and others with **Er tat.**

      You hear: Er schläft nicht; er tut nur so.
      You say: Er tut, als ob er schliefe.

11.8 You will hear pairs of sentences. Change these either into open conditions or
      into irreal conditions.

      You hear: Vielleicht regnet es morgen. Dann bleiben wir zu Hause.
      You say: Wenn es morgen regnet, bleiben wir zu Hause.
               or
      You hear: Ich habe leider kein Geld; sonst könnte ich mir einen Mantel
               kaufen.
      You say: Wenn ich Geld hätte, könnte ich mir einen Mantel kaufen.

11.9 You will hear pairs of sentences. Restate these by starting with **Jedesmal.**

      You hear: Tante Amalie kam oft zu uns, und ich mußte jedesmal mit
               ihr ins Museum gehen.
      You say: Jedesmal, wenn Tante Amalie zu uns kam, mußte ich mit ihr
               ins Museum gehen.

11.10 Dictation.

11.11 Conversations I–IV.

Unit 12

12.1 Dictation.

12.2 You will hear ten sentences each containing a prepositional phrase. Restate these sentences by substituting a **da**-compound for the prepositional phrase.

> You hear: Er hat viel Geld für das Haus bezahlt.
> You say: Er hat viel Geld dafür bezahlt.

12.3 You will hear eight sentences containing prepositional objects. Restate these sentences, changing the prepositional object to a **da**-compound.

> You hear: Wir hoffen auf Regen.
> You say: Wir hoffen darauf.

12.4 Dictation.

12.5 Conversation I.

12.6 Reading: Erich Kästner: **Sachliche Romanze**.

Unit 13

13.1 Change the following sentences in two ways:
(a) change the modal to the perfect, and
(b) change the present infinitive to a past infinitive.

> You hear: Er kann um sechs noch nicht hier sein.
> You say first: Er hat um sechs noch nicht hier sein können.
> And then: Er kann um sechs noch nicht hier gewesen sein.

13.2 Change the present indicative to the present subjunctive, and add **eigentlich**.

> You hear: Er kann schon hier sein.
> You say: Er könnte eigentlich schon hier sein.

13.3 Change from the past indicative to the past subjunctive, and add **eigentlich**.

> You hear: Er mußte gestern arbeiten.
> You say: Er hätte gestern eigentlich arbeiten müssen.

13.4 Dictation.

13.5 Change the following statements to wishes contrary to fact, using either **doch nur** or **doch nur nicht**.

      You hear: Er ist gekommen.
      You say: Wäre er doch nur nicht gekommen!

13.6 Conversations I–IV.

Unit 14

14.1 Change the following sentences to the first person.

      You hear: Er will sich ein Haus bauen.
      You say: Ich will mir ein Haus bauen.
      Or you hear: Er hat sich schon gebadet.
      And you say: Ich habe mich schon gebadet.

14.2 You will hear ten assertions or questions with reflexives. Restate these sentences by using the subject indicated.

      You hear: Hat er sich schon die Hände gewaschen? (du)
      You say: Hast du dir schon die Hände gewaschen?

14.3 You will hear nine sentences in the perfect tense. Restate these sentences in the statal present, that is, use a form of **sein** plus a participle.

      You hear: Ich habe mich verliebt.
      You say: Ich bin verliebt.

14.4 You will hear ten sentences in the statal present. Restate these sentences in the perfect, using reflexives.

      You hear: Ich bin schon daran gewöhnt.
      You say: Ich habe mich schon daran gewöhnt.

14.5 You will hear six sentences containing **sitzen, stehen, liegen**. Restate these sentences using the perfect or past perfect of **sich setzen, sich stellen, sich legen**.

      You hear: Sie liegt schon im Bett.
      You say: Sie hat sich schon ins Bett gelegt.

14.6 Dictation.

14.7 Conversations I–VIII.

Unit 15

15.1 You will hear six short sentences containing a noun in the singular, preceded by an adjective. Restate the sentences, changing adjectives and nouns to the plural.

> You hear: Wer wohnt denn in diesem alten Haus?
> You say: Wer wohnt denn in diesen alten Häusern?

15.2 Dictation.

15.3 The following sentences contain an adjective and a noun in the plural. Restate the sentences in the singular.

> You hear: Was soll ich denn mit diesen alten Büchern?
> You say: Was soll ich denn mit diesem alten Buch?

15.4 You will hear ten sentences with **ein**-words. Change from singular to plural.

> You hear: Da drüben steht ein modernes Bürohaus.
> You say: Da drüben stehen moderne Bürohäuser.

15.5 The following sentences contain plural nouns. Change to the singular by using the appropriate form of an **ein**-word.

> You hear: Nur reiche Ausländer können so etwas kaufen.
> You say: Nur ein reicher Ausländer kann so etwas kaufen.

15.6 Dictation.

15.7 Conversations I–V.

Unit 16

16.1 You will hear ten sentences. In the pauses, change these sentences to the perfect. You will then hear the correct transformations.

> You hear: In Zürich lernten wir viele Amerikaner kennen.
> You say: In Zürich haben wir viele Amerikaner kennengelernt.

16.2 Dictation.

16.3 You will hear ten sentences in the past indicative. In the pause, restate the sentences in the past subjunctive, starting with **Er sagte**.

> You hear: Von der Stadt war nichts zu sehen.
> You say: Er sagte, von der Stadt wäre nichts zu sehen gewesen.

16.4 You will hear ten sentences with an infinitive with **zu** in the end field. Change these sentences to the perfect.

> You hear: Es fing an zu regnen.
> You say: Es hat angefangen zu regnen.

16.5 Restate the following pairs of sentences, starting with the second one, which contains a **da**-compound, and transform the first one into an infinitive phrase.

> You hear: Ich soll mit ihm ins Theater gehen.
>   Er hat mich dazu eingeladen.
> You say: Er hat mich dazu eingeladen, mit ihm ins Theater zu gehen.

16.6 Dictation.

16.7 Readings: Peter Handke: **Zugauskunft**.
               Erich Kästner: **Das Eisenbahngleichnis**.

Unit 17

17.1 You will now hear short sentences each containing a noun. After each sentence, you will hear an adjective without an ending. Repeat the sentence and insert the adjective with the proper ending.

> You hear: Zu Hause wartete ein Brief auf mich. (lang)
> You say: Zu Hause wartete ein langer Brief auf mich.

17.2 You will again hear short sentences followed by an adjective without ending. Repeat each sentence and insert the adjective with the proper ending.

17.3 Once more, you will hear short sentences followed by an adjective without ending. Repeat each sentence and insert the adjective with the proper ending.

17.4 Dictation.

Unit 18

18.1 You will hear ten sentences in the present tense. Change these sentences to the perfect.

> You hear: Das Haus wird verkauft.
> You say: Das Haus ist verkauft worden.

18.2 You will hear fifteen sentences, all containing the subject **man**. Change these sentences to the actional passive; do not change tenses, and omit **man**.

        You hear: Man fand ihn nicht.
        You say: Er wurde nicht gefunden.

18.3 You will hear five sentences in the statal present. Restate these sentences in the actional perfect.

        You hear: Das Haus ist verkauft.
        You say: Das Haus ist verkauft worden.

18.4 You will hear five sentences in the statal present. Restate these sentences (a) in the actional perfect and (b) as perfect reflexives.

        You hear: Er ist rasiert.
        You say: Er ist rasiert worden.
        Then you say: Er hat sich rasiert.

18.5 You will hear six sentences. Restate these sentences, starting with **Es**.

        You hear: Niemand war zu Hause.
        You say: Es war niemand zu Hause.

18.6 Dictation.

18.7 Reading: **Der Wolf und die sieben Geißlein.**

Additional Exercises

Unit 3: Additional Exercises

A. In the following sentences, draw brackets around the second prong in those sentences that have one. Then rewrite each sentence, starting with an inner field element. Remember that you cannot move the bracketed element.

Example: Er geht heute abend [ins Kino.]
Heute abend geht er ins Kino.

1. Morgen fliegt Frau Meyer (nach München.)

   _____

2. Erika bleibt heute abend (zu Hause.)

   _____

3. Natürlich kommt Gabi (morgen.)

   _____

4. Ich brauche den Wagen (heute abend.)

   _____

5. Er kennt (natürlich) meinen Sohn.

   _____

6. Frau Lenz ist jetzt wieder (in Berlin.)

   _____

7. Das ist (natürlich) Frau Meyer.

   _____

8. Meyer ist heute leider (in München.)

   _____

B. Negate the following sentences; use **nicht** or **kein** as required. Don't forget the negation of **schon** and **noch**.

1. Sie ist Ärztin. _____

2. Liest er ein Buch? _____

3. Lesen Sie mein Buch? _____

4. Das ist doch ein Student. _____

5. Trinken Sie Bier? _____

6. Schläfst du schon? _____

7. Du bist doch noch ein Kind. _____

8. Sie wohnt in Köln. _____

9. Hast du noch Geld? _____

10. Ist er noch zu Hause? _____

11. Ich habe Hunger. _____

12. Er braucht mich. _____

13. Sie ist dort drüben. _____

14. Er hat schon ein Buch. _____

15. Sie kommt schon. _____

C. Reply to the following sentences and questions. Use **doch** where possible, otherwise use **nein**.
1. Hast du denn keinen Kaffee?

   _____

2. Schläft Hans schon?

   _____

3. Aber sie ist doch nicht mehr hier.

   _____

4. Ich weiß, ich kenne ihn nicht.

   _____

5. Wohnen Sie immer noch in Hannover?

   _____

D. Express in German.
1. Are you eating cheese? — No, I am eating sausage.

   _____

2. Does this book cost more than five marks?

   _____

3. Do you live in Cologne or in Bonn?

   _____

4. Is your daughter a physician? — No, she is still a student.

   _____

5. Don't drink this wine; it is too sour.

   _____

Unit 4: Additional Exercises

A. Restate the following sentences by using the modal indicated in parentheses.

1. Wir gehen heute abend ins Kino. (wollen)

   _____

2. Heute kommt sie nicht. (brauchen zu)

   _____

3. Jetzt essen wir und dann fahren wir ins Theater. (können)

   _____

4. Ich trinke jetzt nur eine Tasse Kaffee. (mögen)

   _____

5. Hier rauchen Sie aber nicht, Herr Meyer. (dürfen)

   _____

6. Warum fährst du denn schon wieder nach Berlin? (müssen)

   _____

7. Herr Schmidt fährt morgen nach München. (sollen)

   _____

8. Erika besucht heute abend Tante Amalie. (wants to)

   _____

9. Hedi kommt heute leider nicht. (is able to)

   _____

10. Du trinkst doch keinen Kaffee mehr. (mustn't)

    _____

11. Er arbeitet nächsten Sonntag nicht. (need)

    _____

12. Geht ihr heute abend auch ins Theater? (would like to)

    _____

B. The stress indicated in the following sentences implies contrast of some sort. In English, indicate what contrast may be involved.

Examples:

a. <u>Heute</u> bleibe ich zu <u>Hause</u>.
   (Tomorrow I'll be somewhere else.)

b. Ich bleibe <u>heute</u> zu Hause.
   (Not tomorrow, as you thought.)

1. <u>Ich</u> gehe heute mit <u>In</u>grid ins Kino.

   _____

2. <u>Heute</u> gehe ich mit Ingrid ins <u>Kino</u>.

   _____

3. Ins <u>Kino</u> gehe ich mit Ingrid <u>nicht</u>.

   _____

    4. Sein <u>Sohn</u> wohnt in <u>Köln</u>.

    _____

    5. Sein <u>Sohn</u> <u>wohnt</u> auch in Köln.

    _____

    6. <u>Ihn</u> kenne ich sehr <u>gut</u>.

    _____

    7. Herr Lenz <u>ar</u>beitet in Köln.

    _____

    8. Schläfst <u>du</u> schon?

    _____

C.   Express in German.
    1. It is still raining.

    _____

    2. I don't need to go to the museum today.

    _____

    3. I can never work at home.

    _____

    4. Our train is supposed to leave at 5:06.

    _____

    5. She doesn't seem to be living in Munich anymore.

    _____

    6. He eats too much, and he drinks too much, too.

    _____

    7. Is she home yet? — No, not yet.

    _____

    8. Be happy.

    _____

    9. My friend (fem.) studies psychology, but I study medicine.

    _____

  10. Please visit us in Germany next year.

    _____

  11. You don't <u>have</u> to go to Berlin.

    _____

  12. Why don't you want to work on Sundays?

    _____

  13. He works more than I (do).

    _____

  14. He has no more money than I (have).

    _____

Unit 5: Additional Exercises

A. Replace nouns by personal pronouns.
1. Ich komme mit meiner Freundin.

   _____

2. Ich komme ohne meine Freundin.

   _____

3. Er besucht seine Freundin.

   _____

4. Er antwortet seiner Freundin nicht.

   _____

5. Er dankt seinem Freund nicht.

   _____

6. Er geht zu seiner Tante.

   _____

7. Sie geht zu ihrer Tante.

   _____

8. Sie wohnt bei ihrer Tante.

   _____

9. Sie kommt ohne ihre Tante.

   _____

10. Er kommt ohne seine Tante.

    _____

B. Complete the following sentences by using the correct personal pronouns.
1. Hier ist die Zeitung; sie ist für _____, Frau Meyer.

2. Erika ist heute in Köln; ich muß ohne _____ ins Kino gehen.

3. „Fahren Sie ohne Ihren Mann nach Wien?" „Ohne _____? Nie!"

4. Du Hans! Heute mußt du leider ohne _____ ins Theater gehen.

5. Fritz Müller möchte gern für _____ arbeiten, Frau Doktor.

6. Inge ist doch sehr interessant. Was hast du gegen _____?

7. Du brauchst doch nicht in ein Hotel zu gehen. Du kannst bei uns wohnen.

   Etwas zu essen haben wir immer für _____.

C. In the following sentences, the inner field is left empty. Fill the inner field
    with each of the several series of words by rearranging them in the correct
    word order.

    1. Wir wollen _____ ins Haus schicken.

       a. ihr, heute, Blumen _____

       b. die Blumen, heute, ihr _____

       c. sie (die Blumen), ihr, heute _____

       d. unserer Tante, Blumen, heute _____

    2. Er will _____ kaufen.

       a. einen Hund, mir _____

       b. den Hund, mir _____

       c. mir, ihn _____

       d. seiner Frau, ein Haus in Berlin _____

       e. seiner Frau, ein Buch, in Berlin _____

       f. ihr, das Buch, in Berlin _____

       g. ihr, es, in Berlin _____

D. Express in German.
    1. Does this car belong to him? — No, to her.

    _____

    2. Are those your books? — No, they belong to my father.

    _____

    3. Unfortunately, you have to go without me.

    _____

    4. This book belongs to me. Give it to me.

    _____

    5. My name is Callaghan; I am a foreigner.

    _____

    6. I want to give her a camera for her birthday.

    _____

    7. Why don't you want to help him?

    _____

    8. This car is too expensive for me.

    _____

Unit 6: Additional Exercises

A. Restate the following sentences by using the perfect tense.
    1. Wir warten bis drei Uhr.

    _____

    2. Ich muß auch arbeiten.

    _____

    3. Wann besuchst du sie?

    _____

    4. Wir essen heute im Hotel Berlin.

    _____

    5. Das will ich nicht sagen.

    _____

    6. Wann kommt er denn?

    _____

    7. Was hörst du von Erika?

    _____

    8. Sie braucht nicht zu arbeiten.

    _____

    9. Er schläft jeden Morgen bis zehn.

    _____

    10. Wann siehst du sie denn wieder?

    _____

    11. Wein trinkt er heute nicht.

    _____

    12. Wann fährt der Zug denn ab?

    _____

    13. Lernt diese Frau fahren?

    _____

    14. Wann kommt sie denn wieder?

    _____

    15. Wann fährt er denn zurück?

    _____

    16. Wird Hans Arzt?

    _____

    17. Ist Meyer schon wieder krank?

    _____

B.   Express in German.
        1. Unfortunately, she couldn't stay long.

        _____

        2. She has been living here for three years.

        _____

        3. I wanted to visit him yesterday.

        _____

        4. This house once belonged to my father.

        _____

        5. Why don't you want to believe me?

        _____

        6. I don't have to help them.

        _____

        7. I didn't have to help them.

        _____

        8. Where have you been, Erika?

        _____

        9. I went to the movies with my girl friend.

        _____

        10. He worked yesterday, and we all helped him.

        _____

        11. They went to Berlin today.

        _____

        12. I bought myself the book yesterday. But I haven't read it yet.

        _____

        13. I have not read the paper yet.

        _____

        14. I know she is no longer a child.

        _____

        15. He has never had to work yet.

        _____

        16. She has always wanted to be a doctor.

        _____

        17. He always wanted to be a doctor.

        _____

        18. How long have you had this car?

        _____

        19. How long did you have this car?

        _____

Name _____

Unit 7: Additional Exercises

A. Restate first in the past tense, then in the perfect.
    1. Er fährt um fünf Uhr ab.

    _____

    _____

    2. Sie besucht mich in Burgbach.

    _____

    _____

    3. Ich will um zwei Uhr zu Hause sein.

    _____

    _____

    4. Ich denke oft an Weihnachten.

    _____

    _____

    5. Er lädt mich oft zum Essen ein.

    _____

    _____

    6. Sie gefällt mir wirklich gut.

    _____

    _____

    7. Sie bekommt jede Woche einen Brief von ihm.

    _____

    _____

B. Of the following pairs of sentences, change the second one to an infinitive
    phrase with **um . . . zu**.
    1. Werner hat mich gestern angerufen. Er wollte mich ins Kino einladen.

    _____

    2. Der Reporter folgte ihm ins Hotel. Er wollte mit ihm sprechen.

    _____

    3. Ich besuchte Ingelheim. Ich wollte seine Familie kennenlernen.

    _____

    4. Ich fuhr nach Hause. Ich wollte mit Tante Amalie ins Kino gehen.

    _____

    5. Karin ging nach Amerika. Sie wollte Englisch lernen.

    _____

C. Insert either the past (one blank) or the perfect (two blanks) of the verbs in parentheses.

    1. Ingelheim _____ mich gerade _____.   (anrufen)

    2. Er _____ mit mir frühstücken.   (wollen)

    3. Ich _____ aber leider keine Zeit.   (haben)

    4. Wir _____ schon lange nicht mehr in Deutschland

        _____.   (sein)

    5. Ich _____ damals oft an sie.   (denken)

    6. Professor Krummholz _____ schon vor zehn Jahren

        _____.   (sterben)

    7. Wir _____ gestern abend im Löwen _____.   (essen)

    8. Damals _____ Ingelheim oft zu uns.   (kommen)

    9. Rosemarie _____ erst um ein Uhr _____.   (einschlafen)

    10. Seine Tochter _____ Ärztin.   (werden)

D. Express in German; use the past tense.
    1. Fridolin and Brunhilde were coming out of the "Löwen."

    ——————————————————————————————

    2. Frido and I wanted to help him.

    ——————————————————————————————

    3. The car belonged to his brother.

    ——————————————————————————————

    4. I helped him, and then he drove home with me for supper.

    ——————————————————————————————

    5. The train to Cologne left at 4:07.

    ——————————————————————————————

    6. At 7:05 the train stopped in Stuttgart.

    ——————————————————————————————

    7. We arrived in Cologne at 16:26.

    ——————————————————————————————

    8. Aunt Amalie was waiting for us.

    ——————————————————————————————

    9. We stayed in Cologne until the end of September.

    ——————————————————————————————

Unit 8: Additional Exercises

A. Ask indirect questions for the underlined parts of the following sentences.
   1. Sie arbeitet <u>in Bonn</u>.

   Ich möchte wissen, wo _____.
   2. Er will ihr morgen <u>die Stadt</u> zeigen.

   Ich möchte wissen, was _____.
   3. Er will ihr die Stadt <u>morgen</u> zeigen.

   Ich möchte wissen, _____.
   4. Er hat das Buch <u>seinem Vater</u> gegeben.

   Ich möchte wissen, _____.
   5. Sie ist gestern <u>nach München</u> gefahren.

   Ich möchte wissen, _____.

B. Form open conditions; the first sentence must become the **wenn**-clause.
   1. Sie kommt heute. Wir können ins Kino gehen.

   _____

   2. Ich habe Zeit. Ich besuche dich gerne.

   _____

   3. Ich komme nach Frankfurt. Ich möchte ins Theater gehen.

   _____

   4. Ich höre von meinem Mann. Ich rufe Sie wieder an.

   _____

   5. Sie ist nach Düsseldorf gefahren. Sie hat Peter bestimmt besucht.

   _____

C. Express in German.
   1. At that time, he was visiting his friend in Berlin.

   _____

   2. Karin was in Berlin, too.

   _____

   3. Why didn't she want to come?

   _____

   4. I drove home, and Frido followed me with his car.

   _____

   5. Do you believe that Karl is very intelligent?

   _____

   6. That he is intelligent I know.

   _____

7. But that he is very intelligent, I cannot believe.

_____

8. If you want (me to), I'll come along to the movies.

_____

9. You don't need to tell me how often she goes to the theater.

_____

10. I've just read in the paper that her friend was in Munich for three months.

_____

D. Change the following imperatives to the **du**-form.
    1. Bleiben Sie doch noch eine Woche.

_____

    2. Fahren Sie doch mit an die Nordsee.

_____

    3. Also, fangen wir an!

_____

    4. Gehen wir doch nach Hause!

_____

    5. Sprechen Sie doch mal mit ihm.

_____

    6. Laden Sie ihn doch mal ein.

_____

    7. Laufen Sie doch nicht so schnell!

_____

    8. Schreiben Sie ihr doch einen Brief.

_____

    9. Stehen Sie doch bitte mal auf.

_____

    10. Vergessen Sie nicht, mich anzurufen.

_____

    11. Versprechen Sie mir, daß Sie bald wiederkommen.

_____

    12. Essen Sie nicht so viel.

_____

    13. Seien Sie nicht so unfreundlich.

_____

    14. Holen Sie mich bitte am Bahnhof ab.

_____

    15. Bitte lachen Sie nicht darüber!

_____

Unit 9: Additional Exercises

A. Change the following sentences to wishes starting with **Ich wollte, ...**
Change from affirmative to negative, and from negative to affirmative.
   1. Seine Nummer ist nicht im Telefonbuch.

   Ich wollte, _____.
   2. Ich habe mein Buch zu Hause gelassen.

   Ich wollte, _____.
   3. Ich bin nach Italien gefahren.

   Ich wollte, _____.
   4. Ich kann ihn nicht verstehen.

   Ich wollte, _____.
   5. Der Winter hat schon begonnen.

   Ich wollte, _____.
   6. Bei euch war es immer so kalt.

   Ich wollte, _____.
   7. Du hast gestern abend zuviel geredet.

   Ich wollte, _____.
   8. Sie ruft mich nicht an.

   Ich wollte, _____.
   9. Ich kann mir kein Buch kaufen.

   Ich wollte, _____.
   10. Wir konnten letztes Jahr keine Reise machen.

   Ich wollte, _____.

B. Change to polite requests in the subjunctive, using the words in parentheses.
   1. Darf ich ein Glas Wein haben? (bitte)

   _____
   2. Haben Sie ein Zimmer für mich? (vielleicht)

   _____
   3. Darf ich auf meinem Zimmer frühstücken? (vielleicht)

   _____
   4. Können Sie mir jetzt das Frühstück bringen? (bitte)

   _____
   5. Haben sie ein Buch für mich? (vielleicht)

   _____

C.   Change to statements of preference, using the words in parentheses; use
     würde-forms when possible.
     1. Ich bin nach Bonn gefahren. (auch gerne)

     _____

     2. Hans blieb zu Hause. (gerne)

     _____

     3. Ich habe meine Mutter besucht. (am liebsten)

     _____

     4. Ich gehe mit einer Freundin ins Kino. (lieber)

     _____

     5. Ich habe Ingrid nach Hause gebracht. (am liebsten)

     _____

D.   Express in German.
     1. I wish I could take you along.

     _____

     2. Barbara would have liked to go to Vienna.

     _____

     3. It would be nice if you could go with us.

     _____

     4. I simply couldn't believe it.

     _____

     5. If I wanted to, I could go, too.

     _____

     6. If I knew where he is, I would call him.

     _____

     7. If I had known where he was, I would have called him.

     _____

     8. I don't know whether she was in Stuttgart.

     _____

E.   Change the following pairs of sentences to irreal conditions. Affirmative state-
     ments must then appear in negative form and negative statements in affirma-
     tive form. Use the first statements for the **wenn**-clause. In the conclusion, use
     either the subjunctive or, if possible, the **würde**-form.
     1. Es regnet. Wir können jetzt nicht arbeiten.

     _____

     2. Es regnet nicht. Wir können jetzt arbeiten.

     _____

     3. Wir haben keine Zeit. Wir fahren morgen nicht an den Rhein.

     _____

Unit 9: Additional Exercises (Continued)

4. Ich kann nicht arbeiten. Ich bin unglücklich.

_____

5. Ich wohne nicht in München. Ich gehe nicht jeden Tag ins Theater.

_____

6. Wir haben viel zu tun. Wir können nicht in die Stadt fahren.

_____

7. Meyer ist nicht glücklich verheiratet. Er fährt allein nach Rom.

_____

8. Ich liebe dich. Ich habe dich geheiratet.

_____

9. Ich liebe ihn nicht. Ich heirate ihn nicht.

_____

10. Ich habe keinen Wagen. Ich kann dich nicht nach Köln bringen.

_____

11. Tante Amalie kommt nicht. Ich brauche ihr die Stadt nicht zu zeigen.

_____

12. Ingelheim war lange in Rom. Er konnte einen Roman über Italien schreiben.

_____

13. Sie hat in Österreich studiert. Sie hat ihn kennengelernt.

_____

14. Vater hat uns geholfen. Wir konnten heiraten.

_____

15. Er war krank. Er brauchte nicht zu arbeiten.

_____

F.   The following sentences contain a dependent clause introduced by **weil**.
Changing the **weil**-clause into a **wenn**-clause, transform the sentences into
irreal conditions.
1. Weil ich nicht soviel Geld habe wie Meyer, kann ich nicht an der Riviera
wohnen.

_____

2. Weil in Hamburg die Sonne nicht schien, bin ich nach Italien gefahren.

_____

3. Sie kam so spät nach Hause, weil sie im Kino war.

_____

4. Weil Meyer Meyer ist, kann man nicht mit ihm sprechen.

_____

5. Weil das Essen nicht gut war, fuhren wir nach Hause.

_____

6. Weil er krank wurde, fuhr er nach Hause.

_____

7. Wir wohnen in der Stadt, weil wir keine Kinder haben.

_____

8. Sie wurde Ärztin, weil sie wollte.

_____

G. Express in German.
    1. I'd rather go sailing. (to sail = **segeln**)

_____

    2. If it weren't so late already, I would stay for another hour.

_____

    3. If I had bought the book yesterday, I would already have read it.

_____

    4. I wish I could understand her.

_____

    5. I wish I could have understood her.

_____

    6. It would be nice if we could stay home today.

_____

    7. If only we could have stayed home yesterday.

_____

    8. I'd prefer not to see him again.

_____

Unit 10: Additional Exercises

A. Form questions for the following statements, using either **wo** or **wohin**.
  1. Der Wagen steht hinter dem Haus.

  _____

  2. Ich habe den Wagen hinter das Haus gefahren.

  _____

  3. Der Hund schläft immer unter der Bank.

  _____

  4. Er brachte sein Geld auf die Bank.

  _____

  5. Köln liegt am Rhein.

  _____

B. Answer the following questions, using in your answers one of the prepositions that can take either the dative or accusative.
  1. Wo hast du denn das Geld gefunden?

  _____

  2. Wo warst du denn gestern?

  _____

  3. Wo seid ihr denn gestern hingefahren?

  _____

  4. Wo ist Vater?

  _____

  5. Wo hast du das Buch denn hingelegt?

  _____

C. Supply the missing words.
  1. Meyer ist vor _____ Jahr nach Afrika gefahren.

  2. Wir kamen gerade aus _____ Theater.

  3. Wo geht ihr denn heute abend _____?

  4. Von Mainz sind wir über _____ Rhein nach Frankfurt gefahren.

  5. _____ sind denn meine Bücher?

  6. Sie liegen unter _____ Zeitungen.

  7. Erika wohnt jetzt _____ ihrer Tante.

  8. Wenn du nicht mitgehen willst, gehe ich ohne _____.

9. Wenn sie hier gewesen _____, _____ sie
mich bestimmt besucht.

10. _____ ich nach Berlin komme, werde ich ihn besuchen.

D.   Express in German.
1. Where was he during this time?

_____

2. He was in Switzerland because of his novel.

_____

3. The novel is called *The Professor's Daughter.*

_____

4. Ingelheim's novels are all very good.

_____

5. Professor Schmidt's books are not so good.

_____

6. The professor's books are too long.

_____

7. I have never read one of his books.

_____

8. Is this one of Ingelheim's stories?

_____

9. No, it is one of the professor's stories.

_____

10. One of the professor's daughters is a friend of mine.

_____

E.   The following are incorrect phrases; rewrite them as they should be written.
1. Sie ist eine Müllers Freundinnen.

_____

2. Er ist einer von den Freunden von mir.

_____

or: _____
3. Ist das der Frau Müller Freundin?

_____

or: _____

Unit 11: Additional Exercises

A. Change the following sentences to indirect discourse, starting with **Sie sagte, daß** .... Change pronouns as appropriate.

1. Ich gehe heute abend mit meiner Freundin ins Kino.

   Sie sagte, daß _____.

2. Ich bin heute abend nicht zu Hause.

   Sie sagte, daß _____.

3. Wir haben schon ein Haus.

   Sie sagte, daß _____.

4. Ingelheim fährt nach Afrika.

   Sie sagte, daß _____.

5. Ich heiße Behrens.

   Sie sagte, daß _____.

6. Ich verstehe Sie nicht.

   Sie sagte, daß _____.

7. Ich komme zu Ihnen.

   Sie sagte, daß _____.

B. Supply the normal subjunctive forms and the alternate subjunctive forms of the verbs in parentheses. If the alternate subjunctive is not possible, mark the second blank with an X.

1. Er hat mir erzählt, daß er schon wieder in Afrika gewesen (sein).   _____, _____

2. Sie sagte, sie (haben) mich in Kairo gesehen.   _____, _____

3. Erika sagte, sie (fahren) bald wieder nach Hause.   _____, _____

4. Inge sagte, Erich (geben) ihr jedes Jahr ein Buch.   _____, _____

5. Herr and Frau Meyer sagten, sie (kaufen) wieder einen Mercedes.   _____, _____

6. Wir sagten Erich, daß wir bald wiederkommen (werden).   _____, _____

7. Wir sagten ihm, wir (sein) bald wieder da.   _____, _____

C. Change the following imperatives to indirect discourse, starting with **Er sagte,** ....

1. Ruf mich doch bitte morgen an.

   _____

2. Kommt doch mit ins Kino.

   _____

3. Bleib doch zu Hause.

_____

4. Wünschen Sie mir Glück; ich brauche es.

_____

5. Werde doch endlich einmal vernünftig.

_____

D. In the following sentences, supply **als, ob, wann,** or **wenn.**

1. Hermann schrieb, es sähe so aus, _____ könnte Erich nicht kommen.

2. Warum hast du denn nichts gesagt, _____ du wußtest, daß Angelika hier in Berlin war?

3. Ich stand gerade vor Erichs Zimmer, _____ er mit Ingrid telefonierte.

4. Ich kann Ihnen leider nicht sagen, _____ Ingelheims Romane auch in England zu kaufen sind.

5. Wir waren gerade nach Hause gekommen, _____ Gerda anrief.

6. Können Sie mir sagen, _____ der Zug in Köln ankommt?

E. Express in German.
1. Please let me know if you are coming.

_____

2. If you come, we'll go to the theater.

_____

3. When she called, I was already in bed.

_____

4. When did she call?

_____

5. I don't know when she called.

_____

6. I was never at home when she called.

_____

Unit 12: Additional Exercises

A. Each of the following incomplete sentences contains a blank for a relative pronoun. Fill in the correct forms.

1. Die Freundin, mit _____ ich in Berlin war

2. Die Menschen, von _____ wir sprachen

3. Gedanken, _____ man schon bei Platon findet

4. Die Geschichte, _____ er nun erzählte

5. Die Eltern, _____ Kinder aufs Gymnasium gehen

6. Mein Freund, durch _____ ich sie kennengelernt habe

7. Seine Frau, für _____ er den Mercedes gekauft hat

8. Der Garten, in _____ wir saßen

9. Menschen, _____ man gerne hilft

10. Ein Mädchen, _____ Vater sie nicht versteht

11. Ein Mädchen, _____ Mutter sie nicht versteht

12. Eine Frau, _____ jeder gerne hilft

13. Ein Buch, mit _____ Sie zufrieden sein werden

14. Der Tisch, _____ neben der Tür stand

15. Das Haus, von _____ ich gerade sprach

16. Inge, _____ damals erst achtzehn war

17. Das Land, durch _____ wir fuhren

18. Die Mädchen, _____ ich kenne

19. Werner, _____ damals schon dreißig war

20. Der Roman, von _____ du mir erzählt hast

21. Die Stadt, in _____ wir wohnen

22. Die Bücher, _____ mir gehören

23. Karl Schmidt, ohne _____ Hilfe ich nie gesund geworden wäre

24. Ein Tag, _____ ich nie vergessen kann

25. Kinder, _____ Väter sie nicht verstehen

26. Die Stadt, in _____ wir fuhren

27. Die Stadt, durch _____ wir gingen

28. Die Frau, _____ Mann wir kennengelernt haben

29. Der Mann, _____ Frau wir kennengelernt haben

30. Der Brief, auf _____ ich lange gewartet habe

B. Express in German.
   1. a. I am waiting for my son.

      _____

     b. I am waiting for him.

      _____

     c. I am not waiting for her, I am waiting for her mother.

      _____

     d. I am not waiting for you.

      _____

     e. I am waiting for her to come.

      _____

     f. I am waiting for her father to come home.

      _____

   2. a. May I invite you to dinner?

      _____

     b. May I invite you to go to the movies with us?

      _____

     c. I have invited him to go to the movies with us.

      _____

     d. It would be nice if we invited him to go to the movies with us.

      _____

   3. a. Thank you, Mr. Meyer.

      _____

     b. Did you thank Mr. Meyer?

      _____

     c. Did you thank him for the book?

      _____

     d. I should like to thank you, Mr. Meyer.

      _____

     e. I should like to thank you again for having done so much for us.

      _____

      _____

Unit 12: Additional Exercises (Continued)

C. Express in German.
   1. Until yesterday I had heard nothing from him.

   2. When they had eaten, the train was already in Cologne.

   3. Every time she picked me up at the airport she had to wait for a long time.

   4. He acted as if I were his secretary.

   5. I can't give you more than I have given him.

   6. If we had not stopped in front of the station, we would not have seen her.

   7. If I hadn't seen her, she would have had to take the streetcar.

   8. Writers who haven't been in Italy shouldn't write about Italy.

   9. Hermann, in whose house I was supposed to live, was the director of a bank in Hamburg.

   10. She looked as if she hadn't slept well.

   11. He showed us the picture of a girl who was at least eighteen.

   12. Of that I would never have thought.

   13. We were standing in front of the door, and we knew that somebody stood behind it.

14. May I invite you to a cup of tea?

_____

15. Can you think of something with which I could make her happy?

_____

16. I'm so tired tonight; I don't want to read.

_____

17. Although I had never met him, I knew who he was.

_____

18. Aunt Amalie was very unhappy, because she thought I had forgotten her birthday.

_____

19. When I went to bed, he wasn't home yet; he didn't come home until four o'clock.

_____

_____

20. She had not slept well and wanted to go to bed early.

_____

D. Supply the missing words. Pay particular attention to the correct case after prepositions.

1. Klaus hat Rosemarie _____ Hotel angerufen.

2. Gestern war er mit _____ in _____ Museum.

3. Klaus will _____ elf Uhr _____ Hotel kommen.

4. Klaus ist schon _____ acht Uhr auf.

5. Er _____ Hunger und möchte bald frühstücken.

6. Nach _____ Frühstück wollen sie in _____ Stadt gehen.

7. Rosemarie will wissen, _____ das Wetter ist.

8. Das Wetter könnte nicht besser _____.

9. Am Abend wollen sie zusammen _____ Theater gehen.

10. Klaus sagte, das _____ eine gute Idee.

Name _____

Unit 13: Additional Exercises

A. Rewrite the following sentences containing subjective modals by using introductory statements like **Ich glaube, daß . . .** , **Ich höre, daß . . .** , **Es war möglich, daß . . .** . Watch for the correct tense.

Examples: a. Er muß schon zu Hause sein.
    Ich glaube, daß er schon zu Hause ist.
  b. Er könnte nach Berlin gefahren sein.
    Es ist möglich, daß er nach Berlin gefahren ist.

1. Anita soll in Rom studiert haben.

_____

2. Ingelheim will General gewesen sein.

_____

3. Er könnte ja auch General gewesen sein.

_____

4. Es muß schon sehr spät sein.

_____

5. Er mag wohl zu viel gegessen haben.

_____

6. Damals muß er sehr glücklich gewesen sein.

_____

B. Change the present infinitives to past infinitives.
1. Er muß schon um sechs Uhr hier sein.

_____

2. Inge scheint Englisch zu lernen.

_____

3. Das kann er ihr doch nicht sagen.

_____

4. Er muß den Brief heute bekommen.

_____

5. Man braucht nicht zu studieren, wenn man hier arbeiten will.

_____

C. Change from present indicative to present subjunctive and add **eigentlich** in the place indicated by / . Then translate these sentences into English.
1. Ich muß / einmal mit ihm reden.

a. _____

b. _____

2. Ihr sollt / Russisch lernen.

a. _____

b. _____

3. Du kannst mir / eine Tasse Kaffee machen.

a. _____

b. _____

4. Ich soll / morgen in Berlin sein.

a. _____

b. _____

5. Ich darf / keinen Wein trinken.

a. _____

b. _____

D. Change from past indicative to past subjunctive. Add **eigentlich** in the place
    indicated by / .
    1. Damals sollte ich / den Meyer heiraten.

    _____

    2. Er mußte / schon längst zu Hause sein.

    _____

    3. Sie durfte / nicht an die Nordsee fahren.

    _____

    4. Er mußte / ins Krankenhaus.

    _____

    5. Du brauchtest / nicht bei Nacht nach München zu fahren.

    _____

E. In the following sentences, change the modals from indicative to subjunctive.
    Add **eigentlich** when appropriate.
    1. Sie war krank und mußte im Bett bleiben.

    _____

    2. Ich darf keinen Kaffee trinken.

    _____

    3. Damals hatte ich viel Geld; wenn ich wollte, konnte ich jedes Jahr an die
       Riviera fahren.

    _____

    _____

    4. Wenn Tante Amalie ins Museum gehen wollte, mußte ich natürlich mitgehen.

    _____

    _____

Unit 13: Additional Exercises (Continued)

F.   Express the following ideas by using the proper form of modals.
1. He claims to have known my father.

_____

2. He claimed to be a physician.

_____

3. I hear that he has gone to Rome again.

_____

4. We can assume that he has stayed here.

_____

5. It isn't possible that he stayed there.

_____

G.   Change into contrary-to-fact conditions, first with **wenn** and then without **wenn**.
1. Weil ich nie in Italien gewesen bin, kann ich natürlich keine Romane über Italien schreiben.

a. _____

b. _____

2. Weil er mich nicht richtig verstanden hat, hat er mich gestern abend nicht angerufen.

a. _____

b. _____

3. Weil Erika krank war, mußte sie zu Hause bleiben.

a. _____

b. _____

H.   Change the following statements to wishes contrary to fact, using either **doch nur** or **doch nur nicht** and starting with **wenn** and then without **wenn**.

Example: Sie ist nach Italien gefahren.
a. Wenn sie doch nur nicht nach Italien gefahren wäre.
b. Wäre sie doch nur nicht nach Italien gefahren.

1. Wir sind gestern abend ins Theater gegangen.

a. _____

b. _____

2. Ich habe zu viel Kaffee getrunken.

a. _____

b. _____

3. Schwimmen hatte sie leider nie gelernt.

    a. _____

    b. _____

I.   Express in German.
    1. Yes, I know them. I got to know them in Mainz before the war.

    _____

    2. I won't drive back until tomorrow; I wanted to drive home this morning already, but then Tante Amalie invited me to supper.

    _____

    _____

    3. He doesn't seem to be at home. Where can he be? He can't have gone to the movies yet.

    _____

    _____

    4. You should have sent the letter to me immediately.

    _____

    5. I must have slept a few hours when the phone rang.

    _____

    6. If I didn't have to go out tonight, I would rather stay home in this rain.

    _____

    _____

    7. You really ought not to act as if you knew everything. (Use **so** in front of **tun**.)

    _____

    8. Dr. Schmidt was at the Meyers' too; you must have met him there.

    _____

    _____

Unit 14: Additional Exercises

A. Restate the following sentences by using the subject in parentheses. Be sure to distinguish between dative and accusative reflexives.
1. Hat sie sich endlich beruhigt? (du)

_____

2. Er hat sich noch nicht rasiert. (ich)

_____

3. Was hat sie sich wohl dabei gedacht? (du)

_____

4. Ich hoffe, sie hat sich nicht erkältet. (ich)

_____

5. Warum setzen Sie sich denn nicht? (wir)

_____

6. Hat sie sich die Wohnung schon angesehen? (du)

_____

7. Er hat sich die Zähne geputzt. (ich)

_____

8. Haben Sie sich an das Wetter gewöhnt? (du)

_____

9. Sie hat sich den Arm gebrochen. (ich)

_____

10. Er hat sich noch nicht vorgestellt. (ich)

_____

B. Restate the following sentences containing a statal present by using the corresponding perfect of the reflexive.
1. Bist du gut ausgeruht?

_____

2. Sind die Kinder schon angezogen?

_____

3. Er ist sehr gut vorbereitet.

_____

4. Ist sie jetzt beruhigt?

_____

5. Erika ist sehr aufgeregt.

_____

C.   Restate the following sentences by replacing the reflexives by a statal present.
     1. Ich habe mich noch nicht umgezogen.

     _____

     2. Weißt du schon, daß Meyers sich haben scheiden lassen?

     _____

     3. Jetzt habe ich mich endlich einmal ausgeschlafen.

     _____

     4. Ich habe mich einfach überarbeitet.

     _____

     5. Haben Sie sich gut erholt?

     _____

D.   Express in German by using reflexive verbs.
     1. I've decided to go to Italy this summer.

     _____

     2. I think I've caught a cold.

     _____

     3. I just can't get used to it.

     _____

     4. She told me that I had changed, but she herself had changed, too.

     _____

     5. Had he prepared himself well?

     _____

E.   Express in German.
     1. Put the glasses on the table.

     _____

     2. The dog lay down under the table.

     _____

     3. She sat at the table.

     _____

     4. She had sat at the table.

     _____

     5. She had sat down at the table.

     _____

     6. He placed himself behind the table.

     _____

     7. He was standing behind the table.

     _____

Name _____

Unit 15: Additional Exercises

A. Insert the correct form of the words in parentheses into the blanks.

1. Haben Sie _____ _____ Mann hier gesehen? (ein, jung)

2. Ja, der _____ Mann war vor _____ Minute noch hier. (jung, ein)

3. Dann ist er in das _____ Haus dort drüben gegangen. (neu)

4. Vor dem _____ Haus steht _____ _____ Wagen. (neu, sein, alt)

5. Mit _____ _____ Wagen ist er aus Köln gekommen. (dies-, alt)

6. _____ Wagen wie _____ sieht man hier nicht oft. (alt, dies-)

7. In _____ _____ Wagen sitzt _____ _____ _____ Mädchen. (sein, alt, ein, blond, jung)

8. Das _____ _____ Mädchen heißt Brunhilde. (blond, jung)

9. Sie ist _____ und _____. (intelligent, interessant)

10. Der Vater des _____ Mädchens ist _____ _____ Freund von mir. (jung, ein, alt)

11. Aber was ist aus dem _____ Mann geworden? (jung)

12. Am _____ Tag steht in der Zeitung: „_____ Mann spurlos verschwunden" (disappeared without a trace). (nächst-, jung)

13. _____ Leute sollten eigentlich nicht spurlos verschwinden. (jung)

14. Vielleicht ist er mit dem _____ Wagen in die _____ Stadt gefahren. (alt, nächst-)

15. Und vielleicht lesen wir _____ Woche: „_____ Mädchen spurlos verschwunden." (nächst-, jung)

16. Dann wissen wir: Der _____ Mann ist mit dem _____ Mädchen zusammen verschwunden. (jung, jung)

17. Aber die _____ Eltern haben _____ Angst. (arm, groß)

18. Sie nehmen _____ _____ Mercedes und fahren trotz des _____ Wetters zur _____ Stadt. (ihr, neu, schlecht, nächst-)

19. Dort finden sie ihre _____ Kinder in _____ _____ _____ Hotel. (lieb, ein, klein, gemütlich)

20. Die _____ Kinder haben geheiratet und sind sehr _____. (lieb, glücklich)

B. Rewrite the following sentences in the plural.
     1. Ihr langer Brief hat mich sehr beruhigt.

     _____

     2. Ich habe einen sehr guten Platz im Theater bekommen.

     _____

     3. Seit gestern fährt ein neuer Bus nach Weinstadt.

     _____

     4. Ich habe mich sehr über das neue Buch gefreut.

     _____

     5. Ich muß heute abend einen langen Brief schreiben.

     _____

C. Rewrite the following sentences in the singular.
     1. Gute Bücher findet man nicht oft.

     _____

     2. Ich habe mich über die alten Herren aufgeregt.

     _____

     3. Ich habe mich wochenlang ausruhen können.

     _____

     4. Ich freue mich immer auf interessante Partys.

     _____

     5. Selbst glückliche Menschen sind manchmal unglücklich.

     _____

D. Express in German.
     1. Are you well prepared for the next exam?

     _____

     2. Please don't sit on this old chair.

     _____

     3. Have you recovered from the last party?

     _____

     4. That was really a very good wine.

     _____

     5. At the Meyers you always get good wine.

     _____

     6. What did you think of that old film?

     _____

     7. We spent many a beautiful weekend in the mountains.

     _____

Unit 16: Additional Exercises

A. Each of the following sentences contains <u>one</u> error. Rewrite the sentences and correct the mistakes.
1. Sie hat mir nach Berlin zu kommen versprochen.

_____

2. Erich kam gerade aus dem Haus herein.

_____

3. Meyer hat sich ein Haus gebaut lassen.

_____

4. Es hat zu regnen geschienen.

_____

5. Frau Meyer hatte nie zu fahren lernen müssen.

_____

6. Hans ist viel mehr interessant als Erich.

_____

7. Hans arbeitet viel mehr dann Erich.

_____

8. Mir gefällt *Die Frau mit dem Flamingo* der beste.

_____

9. Ingrid ist nicht so groß als ich.

_____

10. Am wieviel Februar war sie in Berlin?

_____

B. Express in German.
1. At five o'clock it started to rain.

_____

2. We went to eat at six.

_____

3. Did you go out last night?

_____

4. When we walked into the hotel, she was just coming out.

_____

5. Where are you coming from?

_____

6. He went to the movies without taking me along.

_____

7. He went to the movies without my knowing it.

___

8. I've never thought of staying here so long.

___

9. Dr. Schulz allowed me to stay in Munich.

___

10. You forgot to call me last night, Rosemarie.

___

11. We were astonished to hear that Alfred had married Annemarie.

___

12. Gabriele said that Michael had decided not to come along.

___

C. Change the adjectives to superlatives.
   1. Hier bei uns ist das Wetter gut.

___

   2. Gerhard hat viel gegessen.

___

   3. Ich esse gern Wiener Schnitzel.

___

   4. Im Dezember sind die Tage kurz.

___

   5. Ist in München das Bier wirklich billig?

___

D. Connect the following sentences with **um . . . zu, statt . . . zu,** or **ohne . . . zu.**
   1. Sie fuhr nach Afrika. Sie schrieb einen Roman. (um)

___

   2. Er gab den Wagen seinem Sohn. Er hat ihn nicht verkauft. (statt)

___

   3. Sie war eine Woche in München. Sie ist nicht ins Theater gegangen. (ohne)

___

   4. Er fuhr schon am Samstag weg. Er blieb nicht bis Sonntag. (statt)

___

   5. Sie kam nach Hamburg. Sie wollte mich besuchen. (um)

___

Unit 16: Additional Exercises (Continued)

E.   Express in German.
   1. She suggested that we should send our son to Rome.

   _____

   2. He said that he had heard a woman sing.

   _____

   3. I'd like to know why he has never learned to drive.

   _____

   4. You ought to stay home tonight instead of going to the movies.

   _____

   5. You shouldn't have left the car (standing) in front of the house.

   _____

   6. We had to have the doctor come.

   _____

   7. We had him drive us to Munich.

   _____

   8. *The Third Man* is a most interesting film.

   _____

Unit 17: Additional Exercises

A.   Insert the correct form of **gut** into each one of the following sentences.

   1. Ich möchte ein _____ Buch lesen.

   2. _____ Bücher sind immer interessant.

   3. Mit einem _____ Buch wird die Zeit nie lang.

   4. Es gibt nicht viele _____ Bücher hier.

   5. Wo hast du denn all die _____ Bücher her?

   6. So ein _____ Buch findet man nicht oft.

   7. Manches _____ Buch liest kein Mensch.

   8. Hätten Sie vielleicht noch ein anderes _____ Buch?

   9. Von was für _____ Büchern sprichst du denn?

   10. Ich habe diese Woche mehrere _____ Bücher gelesen.

B.   Change the underlined phrases to the singular and make other corresponding changes.
   1. Kennst du die alten Herren da drüben?

      _____

   2. Die beiden jungen Mädchen sind meine Schwestern.

      _____

   3. Alle jungen Menschen sollten einmal ins Ausland fahren.

      _____

   4. Sind das die neuen Maschinen?

      _____

   5. Auf ihre langen Briefe habe ich sofort geantwortet.

      _____

   6. Meyers sind alte Freunde von mir.

      _____

C.   In the following sentences, insert an appropriate **der**- or **ein**-word (if necessary) and the correct form of the adjective in parentheses.

   1. Sie brachte mir _____ Wasser. (kalt)

   2. Er hält sich für _____ _____ Mann. (groß)

   3. Ich hätte gern etwas _____ Obst. (frisch)

   4. Du hast in _____ _____ Zeit zu viel gearbeitet. (letzt)

   5. Bei _____ Wetter bleiben wir zu Hause. (schlecht)

6. Wegen _____ _____ Nebels konnten wir in Frankfurt nicht
   landen. (stark)

7. Barbara war die Mutter _____ _____ Kinder. (beid)

8. In _____ _____ Städtchen gibt es keine _____ Hotels.
   (klein, alt, groß)

D. Express in German.
   1. We paid good money for that.

   _____

   2. How expensive is your new car?

   _____

   3. Her long letter arrived only yesterday.

   _____

   4. I don't like to write long letters. (Use **gern**.)

   _____

   5. She wrote him many long letters.

   _____

   6. During the last war he was in France.

   _____

   7. Did you drive to Italy with that old car?

   _____

   8. For this old car he wants three thousand marks.

   _____

   9. Every large German city has at least one theater.

   _____

   10. All really good wines are expensive.

   _____

E. Express in German.
   1. What kind of man did she marry?

   _____

   2. To what kind of man is she married?

   _____

   3. I don't know what kind of cars those (**das**) are.

   _____

   4. To (**auf**) what kind of school did you go?

   _____

   5. You don't know what a beautiful girl Rosemary is.

   _____

Unit 17: Additional Exercises (Continued)

6. I didn't know what a dumbbell he is.

_____

7. Why didn't you tell me what an interesting husband she has?

_____

8. What interesting people one can meet in Casablanca!

_____

9. What kind of shoes are you taking along?

_____

F.   Insert the words italicized in the first sentence as adjectives into the second sentence.

1. Die Tür war *geschlossen*. Doris stand vor der _____ Tür.

2. Er hatte einen langen Brief an sie *angefangen*, aber weil er nichts mehr von ihr hörte, ließ er den _____ Brief einfach liegen.

3. Der Zug ist gerade *angekommen*. Der gerade _____ Zug fährt in zwei Minuten ab.

4. Bis wann können Sie den Film *entwickelt* haben? — Sie bekommen den _____ Film morgen um zehn.

G.   Change the italicized inflected form of the verb into a **-d** adjective and insert it into the second sentence.

1. Hier *wohnen* viele Ausländer. Von den hier _____ Studenten sind viele Ausländer.

2. Wir *sprechen* hier alle Deutsch. Es ist gut, wieder einmal unter Deutsch _____ Menschen zu sein.

3. Jedesmal, wenn sie ihn sah, *klopfte* ihr das Herz. Mit _____ Herzen sah sie ihn kommen.

4. Ihre Augen *leuchteten*. In ihren _____ Augen las er die Antwort auf seine Frage.

H.   Express in German.
1. She left a few days ago.

_____

2. Some have everything, and many have nothing.

_____

3. A few went home, others stayed.

_____

4. Yesterday was such a beautiful day.

_____

5. On such a beautiful day one shouldn't work.

_____

6. I think quite differently about that.

_____

7. He has become quite a different person (**Mensch**).

_____

8. Other people (**Mensch**) think differently.

_____

9. She has done much good.

_____

10. At that time we had little to eat.

_____

11. Now we can eat as much as we want.

_____

12. Could you give me some money? I've left mine at home.

_____

13. We had to wait for several hours.

_____

14. I don't want to have anything to do with such people.

_____

15. Where do all these people come from?

_____

16. They didn't all come.

_____

17. Not all Germans speak good German.

_____

18. Only few Americans speak German well.

_____

19. His German is really very good.

_____

20. He was such a good husband.

_____

Unit 18: Additional Exercises

A. Change the following sentences from the active voice to the actional passive. Do not change the tense. Omit the subject of the active sentence.

Example: Man brachte ihn zurück.
   Er wurde zurückgebracht.

1. Das Baden hat man hier leider verboten.

   _____

2. Man hat ihn überall gesucht.

   _____

3. Man hat ihn in London gesehen.

   _____

4. Man hatte uns gar nicht erwartet.

   _____

5. Hier kann man uns nicht beobachten.

   _____

6. Den Dieb hat man nie gefunden.

   _____

7. Nichts hatte man vergessen.

   _____

8. Man hat ihn gestern der Königin vorgestellt.

   _____

9. Man konnte ihn leider nicht erreichen.

   _____

10. Warum hat man ihn denn nicht eingeladen?

    _____

11. Man erwartet mich zum Frühstück.

    _____

12. Man soll ihn schon gestern erwartet haben.

    _____

13. Man soll ihn in London gesehen haben.

    _____

14. Man wird mich wohl nach Hamburg schicken.

    _____

15. Man wird ihn wahrscheinlich nicht eingeladen haben.

    _____

16. Darüber haben wir jetzt genug geredet.

    _____

17. Von seinem ersten Roman sprach man damals überall.

   _____

18. Wir haben das noch nie versucht.

   _____

19. Man bewundert ihn immer noch.

   _____

B.   In the following sentences, supply either a form of **werden** or a form of **sein**.

   1. Das Haus soll schon verkauft _____.

   2. Ich wußte gar nicht, daß du morgen auch bei Meyers eingeladen

   _____.

   3. Frau Meyer hat etwas gegen meine Frau; von denen _____
      wir bestimmt nie eingeladen.

   4. Kommst du auch, Emma? Oder _____ du nicht eingeladen.

C.   Rewrite the following sentences by turning the relative clauses into pre-noun
   inserts.
   1. Die junge Frau, die wirklich ungewöhnlich intelligent ist, hat den ersten
      Preis gewonnen.

   _____

   2. Die Leute, die gestern abend angekommen sind, sollen Amerikaner sein.

   _____

   3. Meyer, der jetzt auch von seiner dritten Frau geschieden ist, lebt in Rom.
      (Start with: Der . . .)

   _____

   4. Das ist ein Buch, das sehr leicht zu lesen ist.

   _____

   _____